中国企业创新能力评价报告 2023

中国科学技术发展战略研究院
中 央 财 经 大 学 经 济 学 院　著

科学技术文献出版社
SCIENTIFIC AND TECHNICAL DOCUMENTATION PRESS
·北京·

图书在版编目（CIP）数据

中国企业创新能力评价报告. 2023 / 中国科学技术发展战略研究院，中央财经大学经济学院著. —北京：科学技术文献出版社，2023. 11
ISBN 978-7-5235-0950-0

Ⅰ. ①中… Ⅱ. ①中… ②中… Ⅲ. ①企业创新—研究报告—中国—2023 Ⅳ. ① F273.1

中国国家版本馆 CIP 数据核字（2023）第 220906 号

中国企业创新能力评价报告2023

策划编辑：李 蕊 郝迎聪 责任编辑：韩 晶 责任校对：王瑞瑞 责任出版：张志平

出 版 者 科学技术文献出版社
地 址 北京市复兴路15号 邮编 100038
编 务 部 （010）58882938，58882087（传真）
发 行 部 （010）58882868，58882870（传真）
邮 购 部 （010）58882873
官方网址 www.stdp.com.cn
发 行 者 科学技术文献出版社发行 全国各地新华书店经销
印 刷 者 北京时尚印佳彩色印刷有限公司
版 次 2023 年 11 月第 1 版 2023 年 11 月第 1 次印刷
开 本 889×1194 1/16
字 数 131千
印 张 8.5
书 号 ISBN 978-7-5235-0950-0
定 价 86.00元

《中国企业创新能力评价报告 2023》

编辑委员会

前　言

创新是引领发展的第一动力，是建设现代化经济体系的战略支撑。我国经济已由高速增长阶段转向高质量发展阶段，深入实施创新驱动发展战略，以科技创新为核心带动全面创新，实现经济社会发展动力的根本转换，才能为建设世界科技强国提供强大战略支撑。党的二十大报告强调，加快实施创新驱动发展战略，要强化企业科技创新主体地位，加强企业主导的产学研深度融合，发挥科技型骨干企业引领支撑作用，营造有利于科技型中小微企业成长的良好环境，推动创新链产业链资金链人才链深度融合。

为了展示和测度中国企业的创新发展现状，反映企业创新在转变经济发展方式、实施创新驱动发展战略中的作用，为宏观科技管理和决策提供参考，有必要全面监测和评价企业的创新活动和创新能力，并对中国企业创新能力在国际上的地位做出清晰判断。

《中国企业创新能力评价报告》是国家创新调查制度系列报告之一，于 2016 年首次发布。《中国企业创新能力评价报告 2023》为该报告第 7 期。报告从 4 个维度对中国企业创新能力进行评价。一是现状篇。基于 2022 年全国企业创新调查数据，分析企业创新活动的现状和基本特征。二是历史篇。从创新投入能力、协同创新能力、知识产权能力和创新驱动能力 4 个维度构建企业创新能力评价指标体系，动态评价中国企业创新能力。三是国际篇。基于国际可比数据，从创新投入、创新产出和创新绩效及创新型领军企业几个维度比较中国与世界主要科技强国的企业创新能力。四是区域篇。通过遴选评价企业创新能力的指标，对我国 31 个省（自治区、直辖市）的企业创新能力进行分析，为各地区发现企业创新能力的优势和不足提供支撑。

报告采用的中国企业数据资料主要来自历年《全国企业创新调查年鉴》《中国科技统计年鉴》《企业研发活动情况统计年鉴》《工业企业科技活动统计年鉴》《中国统计年鉴》，国外企业数据主要来自经济合作与发展组织（OECD）、世界知识产权组织（WIPO）和欧洲统计局的统计数据库。

本报告的研究编写得到社会各界专家学者的支持与帮助，在此表示衷心感谢！罗煦燃、徐青、王伊婷、黄锦驰、李恒斌、陈腾飞、郭家宝、曹爱家等人参与了部分章节的数据分析工作，一并表示感谢。

《中国企业创新能力评价报告 2023》

编辑委员会

目录
Contents

现状篇

历史篇

国际篇

区域篇

现状篇

第一章

企业创新能力现状分析

——基于 2022 年全国企业创新调查数据

创新是引领发展的第一动力，是建设现代化经济体系的战略支撑。企业创新是国家创新系统中最核心、最基础的部分。对企业创新能力进行有效测度，有助于明确企业创新的优势和不足，并反映国家相关创新政策的实施效果。衡量企业的创新能力主要包括定量和定性两个方面。与企业创新活动相关的定量和定性信息主要来自企业创新调查。企业创新调查不仅采集企业研究与试验发展（R&D）投入、专利申请和授权等定量数据，也采集企业创新战略制定、创新合作网络构建、创新激励措施等定性数据。

本章研究主要基于 2022 年全国企业创新调查数据。2022 年企业创新调查的对象包括规模以上企业和规模以下企业。规模以上企业包括规模以上工业企业，特、一、二级总承包、专业承包建筑业企业，限额以上批发和零售业企业，规模以上交通运输、仓储和邮政业，信息传输、软件和信息技术服务业，租赁和商务服务业，科学研究和技术服务业，水利、环境和公共设施管理业企业。规模以下企业包括规模以下工业（包括采矿业、制造业、电力、热力、燃气及水生产和供应业）企业，规模以下交通运输、仓储和邮政业企业，信息传输、软件和信息技术服务业企业，租赁和商务服务业企业，科学研究和技术服务业企业，水利、环境和公共设施管理业企业。

我国企业创新活动表现出 4 个方面的明显特征。第一，规模以上企业的创新活跃度较高，超过 40% 的企业有创新活动。规模以上工业企业中近 1/4 的企业实现了产品创新或工艺创新，实现产品创新或工艺创新的企业中近六成企业拥有市场新产品，独立开发或与集团内企业合作开发构成产品创新和工艺创新的主导模式。第二，上下游机构是企业创新合作的主要对象，客户或供应商在企业创新中具有核心价值；约1/3的创新合作企业开展产学研合作，共同完成科研项目为主导模式。第三，规模以上企业的企业家高度认同创新对企业发展的积极作用，四成企业家对研发费用税收优惠政策予以肯定；他们认为创新人才构成规模以上企业创新能力的核心智力支撑。第四，规模以上高技术产业企业的创新能力突出，对制造业具有引领作用；规模以下企业的创新活跃度较低。

一、规模以上企业的基本情况

2022年，参与调查的规模以上企业达到97.9万家，较2021年增长11.8%。从企业的产业分布看，与2021年相比，服务业企业占比略微上升，占48.4%；工业企业占比有所下降，占45.1%；建筑业企业占6.5%。从企业的地区分布看，东部地区企业占比最高，达到60.9%；中部地区企业为20.2%；西部地区企业为15.0%；东北地区企业为3.9%（图1–1）[①]。

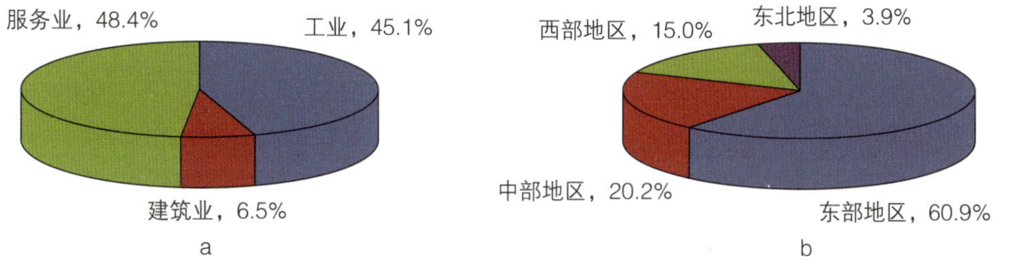

图1–1　规模以上企业占比按产业和地区分布（2022年）

2022年，参与调查的规模以上高技术产业企业共4.6万家，占全部规模以上调查企业的4.7%。高技术产业企业的地区分布与全部规模以上企业的地区分布基本相同，东部地区企业占比最高，达到66.8%；中部地区企业（19.7%）和西部地区企业（11.0%）次之；东北地区企业占比为2.5%（图1–2）。

---

① 东部地区包括北京、天津、河北、上海、江苏、浙江、福建、山东、广东和海南10个省（直辖市）；中部地区包括山西、安徽、江西、河南、湖北和湖南6个省；西部地区包括内蒙古、广西、重庆、四川、贵州、云南、西藏、陕西、甘肃、青海、宁夏和新疆12个省（自治区、直辖市）；东北地区包括辽宁、吉林和黑龙江3个省。

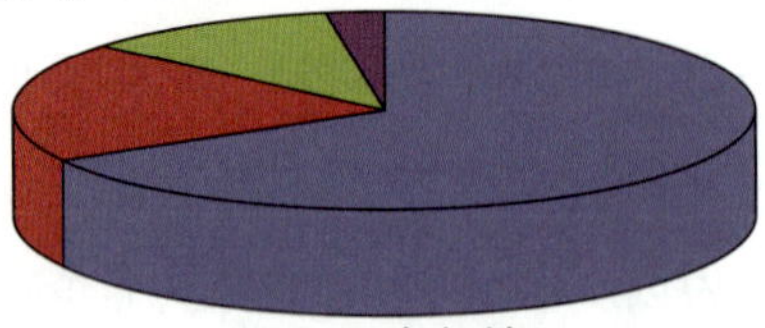

图1-2　规模以上高技术产业企业占比按地区分布（2022年）

二、规模以上企业创新活动的基本特征

2021 年，开展创新活动的企业为 43.3 万家，占全部规模以上企业的 44.3%。其中，实现创新的企业为 40.2 万家，占全部规模以上企业的 41.1%；同时实现产品创新、工艺创新、组织创新和营销创新 4 种创新的企业达到 7.5 万家，占全部规模以上企业的 7.6%。

开展创新活动的高技术产业企业为 3.8 万家，占全部高技术产业企业的 82.6%。其中，实现创新的企业为 3.5 万家，占全部高技术产业企业的 77.4%；同时实现 4 种创新的企业超过 1.0 万家，占全部高技术产业企业的 22.8%。高技术产业企业中开展创新活动的企业占比及实现创新的企业占比均明显高于企业整体水平，反映出高技术产业企业的创新能力突出，是制造业企业中最具创新活力的力量。

从实现创新的规模以上企业占比来看，不同产业企业的创新活跃程度存在明显差异。2021 年，工业企业的创新活跃程度最高，实现创新的企业占比达到 57.0%；建筑业次之，实现创新的企业占比为 30.1%；服务业中有 27.7% 的企业实现了创新。从地区分布看，实现创新的企业占比按东部地区、中部地区、西部地区、东北地区的顺序依次递减，东部地区有 42.5% 的企业实现了创新，中部地区和西部地区实现创新的企业占比分别为 41.9% 和 37.2%，东北地区有 29.8% 的企业实现了创新（图 1–3）。

高技术产业企业中实现创新的企业占比明显高于规模以上企业整体水平。从地区分布看，除东北地区外其他 3 个地区高技术产业企业中实现创新的企业占比都超过了 70%，实现创新的企业占比按东部地区、中部地区、西部地区、东北地区的顺序依次递减。东部地区和中部地区分别有 78.9% 和 75.1% 的高技术产业企业实现了创新，西部地区有 73.6% 的高技术产业企业实现了创新，东北地区实现创新的高技术产业企业占比为 69.8%（图 1–4）。

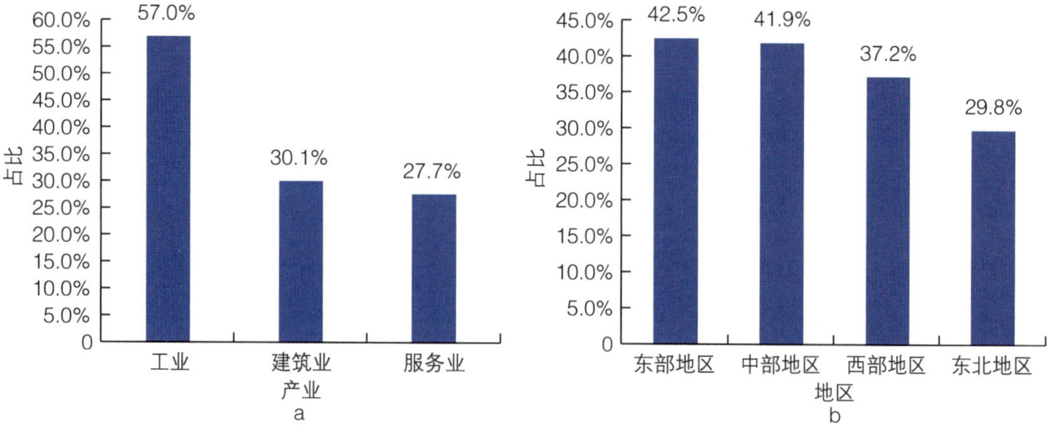

图1–3　规模以上企业中实现创新的企业占比按产业和地区分布（2021年）

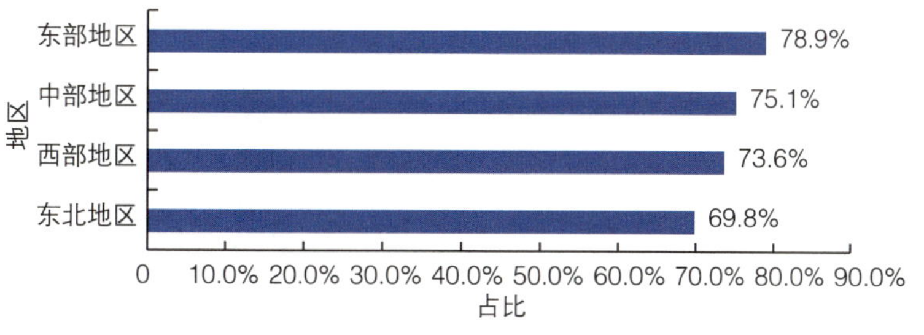

图1–4　高技术产业企业中实现创新的企业占比按地区分布（2021年）

三、规模以上企业创新特征

（一）产品创新或工艺创新的实现与创新方式

1. 超过1/4的企业实现了产品创新或工艺创新

实现产品创新或工艺创新的企业共 27.2 万家，占全部规模以上企业的 27.8%；实现产品创新和工艺创新的企业分别有 19.5 万家和 22.3 万家，分别占全部规模以上企业的 20.0% 和 22.7%；同时实现产品创新和工艺创新的企业占全部规模以上企业的 14.9%（图 1–5）。

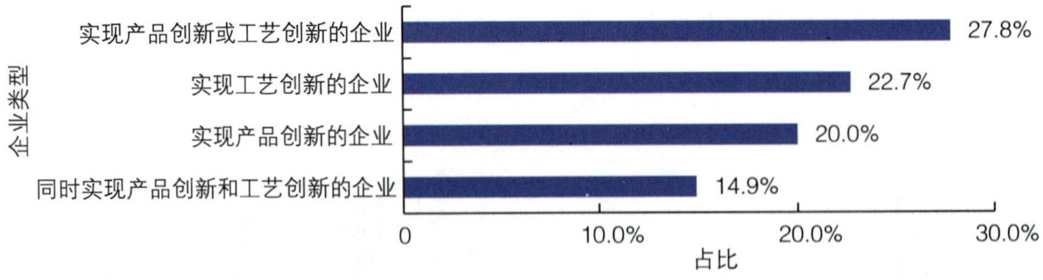

图1-5　规模以上企业中实现产品创新或工艺创新的企业占比（2021年）

分产业看，有47.4%的工业企业实现了产品创新或工艺创新；建筑业和服务业中实现产品创新或工艺创新的企业占比明显低于工业，分别为13.9%和11.4%。分地区看，东部地区实现产品创新或工艺创新的企业占比最高，达30.3%；中部地区和西部地区次之，分别占27.5%和20.8%；东北地区实现产品创新或工艺创新的企业占比为17.1%（图1-6）。

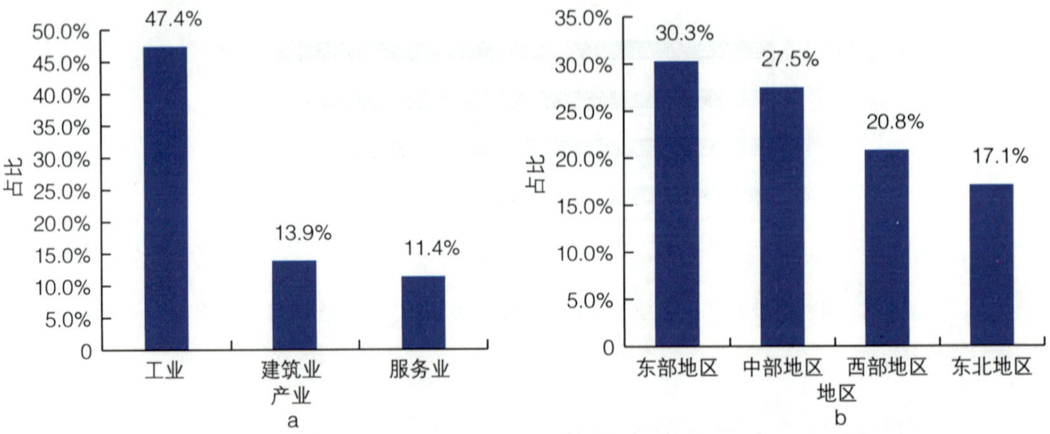

图1-6　规模以上企业中实现产品创新或工艺创新的企业按产业和地区分布（2021年）

2. 独立开发或与集团内企业合作开发是产品创新和工艺创新的主导模式

在实现产品创新的企业中，本企业独立开发或与集团内企业合作开发是主导的创新方式，占比高达84.0%；分别有10.1%、8.5%的企业选择本企业与境内其他企业合作开发、本企业与境内研究机构或高等学校合作开发；有7.9%的企业选择在其他单位开发的基础上调整或改进，或委托其他企业或机构开发（图1-7）。

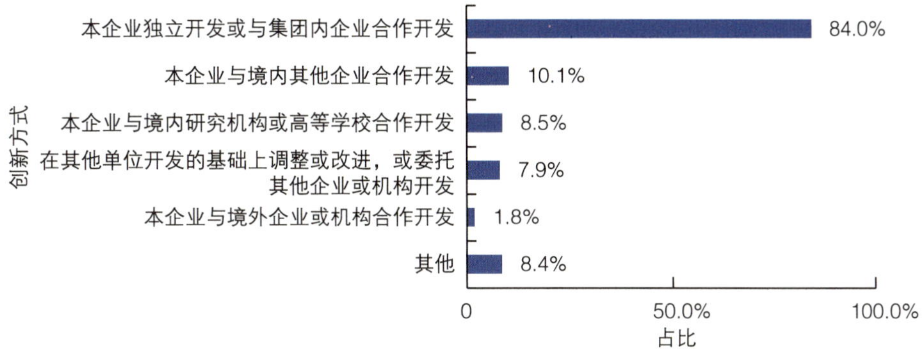

图1-7　规模以上企业中实现产品创新的企业的创新方式（2021年）

在实现工艺创新的企业中，也有高达 73.0% 的企业选择本企业独立开发或与集团内企业合作开发，其后是在其他单位开发的基础上调整或改进，或委托其他企业或机构开发（14.0%），以及本企业与境内其他企业合作开发（12.9%）；7.7% 的企业选择本企业与境内研究机构或高等学校合作开发（图 1-8）。

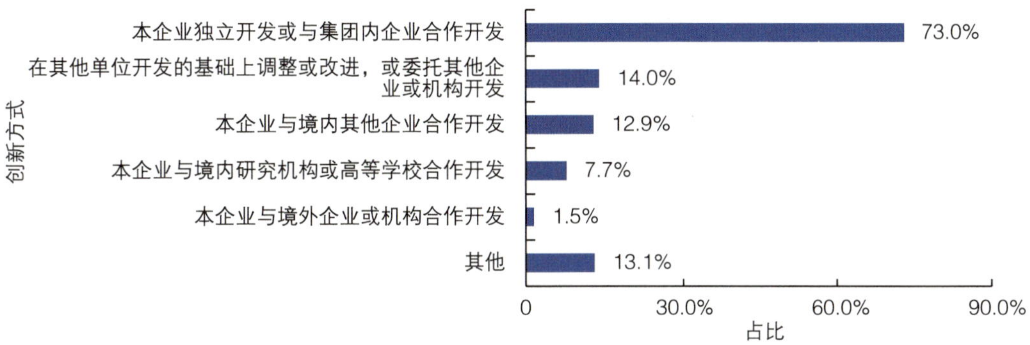

图1-8　规模以上企业中实现工艺创新的企业的创新方式（2021年）

3. 近六成企业拥有市场新产品

2021 年，在实现产品创新的规模以上企业中，有市场新产品的企业占 58.2%，较上年下降了 1.2 个百分点；规模以上企业新产品销售收入达 45.9 万亿元，占营业收入的 16.2%。从产业分布看，新产品销售收入占营业收入的比重存在一定差异，建筑业中该比重为 27.1%，高于工业占比（22.5%）和服务业占比（7.7%）。

（二）产品创新或工艺创新的活动类型与创新经费

1. 内部研发是企业最主要的创新活动类型

在开展产品创新或工艺创新活动的企业中，61.2% 的企业开展了内部研发活动，内部研发是企业最主要的创新活动类型；59.9% 的企业获得机器设备和软件；37.4% 的企业提供了相关培训；进行相关设计、市场推介的企业占比分别为 18.0% 和 17.6%；进行外部研发、从外部获取相关技术的企业占比分别为 8.4% 和 3.4%（图 1–9）。这表明，内部研发及获得机器设备和软件是企业开展产品创新或工艺创新的主要活动类型，提供相关培训、进行相关设计及市场推介则是企业进行创新活动的重要补充形式。

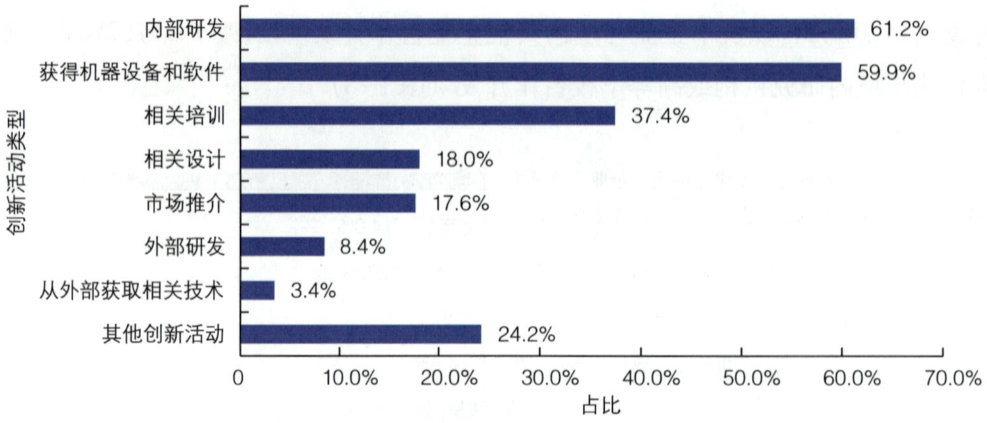

图1–9　规模以上企业开展产品创新或工艺创新的创新活动类型（2021年）

2. 工业企业内部研发经费支出占创新经费支出的比重超过60%

企业的创新经费结构与创新活动类型高度相关，超过一半的创新经费被用于内部研发活动。2021 年，工业企业内部研发经费支出占创新经费支出的比重达 60.8%，构成最主要的创新经费支出项目；获得机器设备和软件经费支出占创新经费支出的比重为 31.3%；外部研发经费支出及从外部获取相关技术经费支出占创新经费支出的比重分别为 4.5% 和 3.4%（图 1–10）。

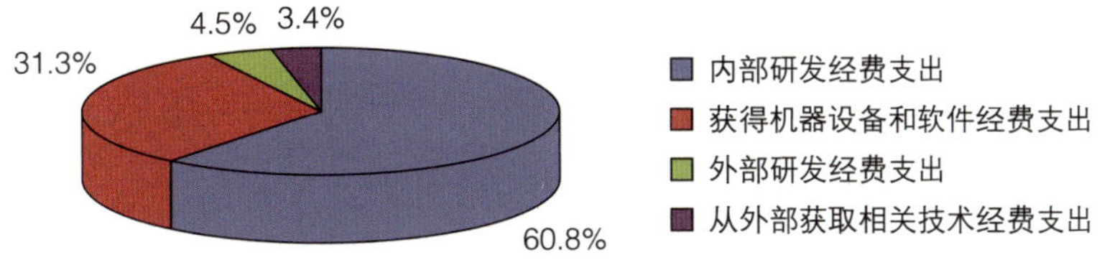

图1-10　规模以上工业企业创新经费构成（2021年）

（三）企业创新的信息来源

客户是企业最重要的创新信息来源，企业内部信息对企业创新也具有重要影响。在开展创新活动的规模以上企业中，44.7% 的企业认为来自客户或消费者的信息对创新影响较大；37.7% 的企业认为企业或企业集团内部信息对创新至关重要；28.8% 的企业认为来自竞争对手或同行业其他企业的信息对其创新有重要影响；认为来自供应商的信息、来自政府部门或行业协会的信息对其创新有重要影响的企业占比均在 20% ~ 30%；近 20% 的企业认为来自展会或互联网媒体的信息对其创新活动有较大影响；相对而言，企业认为来自咨询顾问、市场分析及中介机构的信息和来自高等学校或研究机构的信息对创新的影响相对较小（图 1-11）。

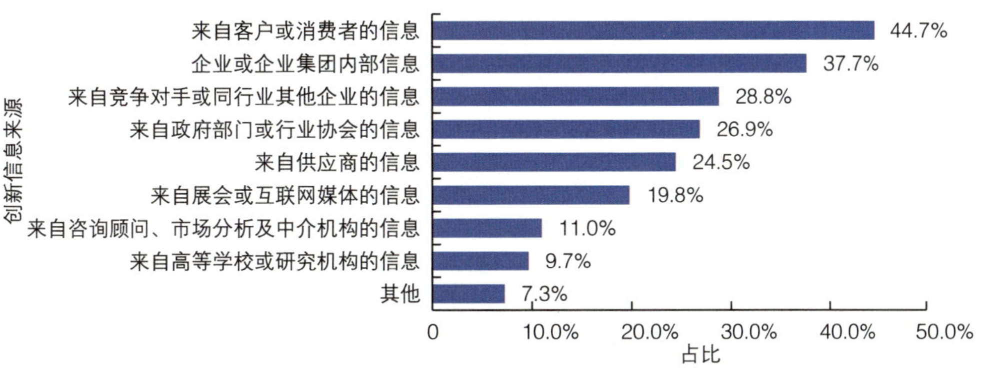

图1-11　创新信息来源对开展产品创新或工艺创新活动企业创新的影响（2021年）

（四）企业创新的合作伙伴

1. 上下游机构是企业创新合作对象的主体

在全部规模以上企业中，共有 27.3 万家企业开展了创新合作，占 27.9%。其中，与客户或消费者结成合作关系的企业占 48.5%，与供应商结成合作关系的企业占 39.3%，二者构成企业主要合作对象；分别有 31.6% 和 25.0% 的企业分别与集团内其他企业、高等学校结成合作关系；与政府部门或行业协会、竞争对手或同行业企业结成合作关系的企业占比分别为 21.4% 和 20.6%；与咨询顾问、市场分析及中介机构开展创新合作的企业占比为 17.6%（图 1–12）。

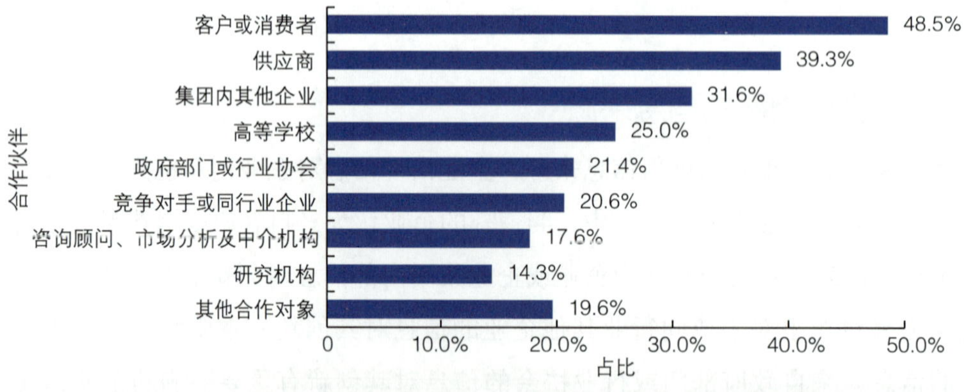

图1–12　开展创新合作的规模以上企业的合作伙伴分布（2021年）

2. 客户或消费者对企业创新的重要性较高

在开展创新合作的企业中，有 44.3% 的企业认为客户或消费者在其创新过程中具有较大的价值；有 33.3% 的企业认为与供应商的合作对创新具有正向影响；分别有 27.3%、21.0% 的企业认为与集团内其他企业、高等学校合作有利于创新发展；有 18.0% 的企业认为与政府部门或行业协会合作对企业创新有推动作用；17.1% 的企业认为和竞争对手或同行业企业合作对创新影响较大；13.7% 的企业认为与咨询顾问、市场分析及中介机构合作对其创新较为重要（图 1–13）。

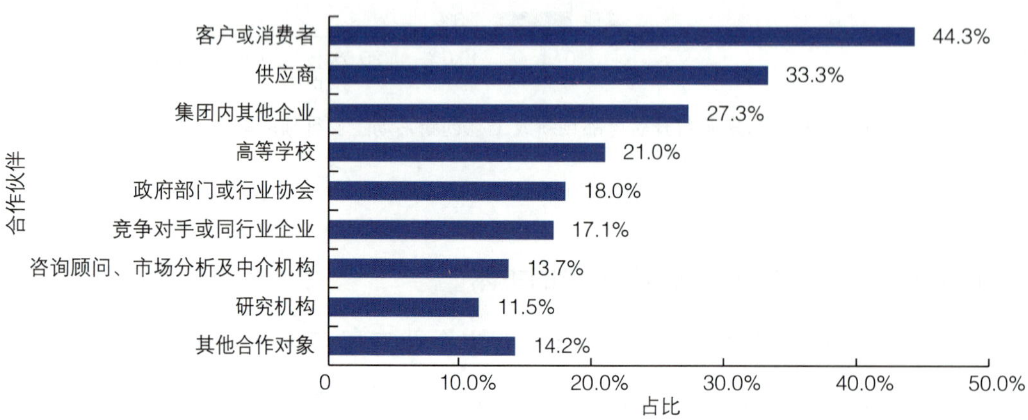

图1–13　创新合作伙伴对规模以上企业的相对重要性（2021年）

3. 约30%创新合作企业开展产学研合作，共同完成科研项目为主导模式

我国企业拥有较为多元的产学研合作模式。2021 年，开展产学研合作的企业数达到 8.3 万家，占全部创新合作企业的 30.5%。在开展产学研合作的企业中，63.1% 的企业选择合作共同完成科研项目形式，该形式在所有产学研合作形式中占据主导地位；选择开展联合人才培养的合作形式、建立或参与创新联合体的合作形式的企业占比分别为 32.2% 和 22.7%；21.4% 的企业选择聘用高等学校或研究机构人员到企业兼职的合作形式；选择合作建立研发机构的企业占比为 19.7%（图 1–14）。

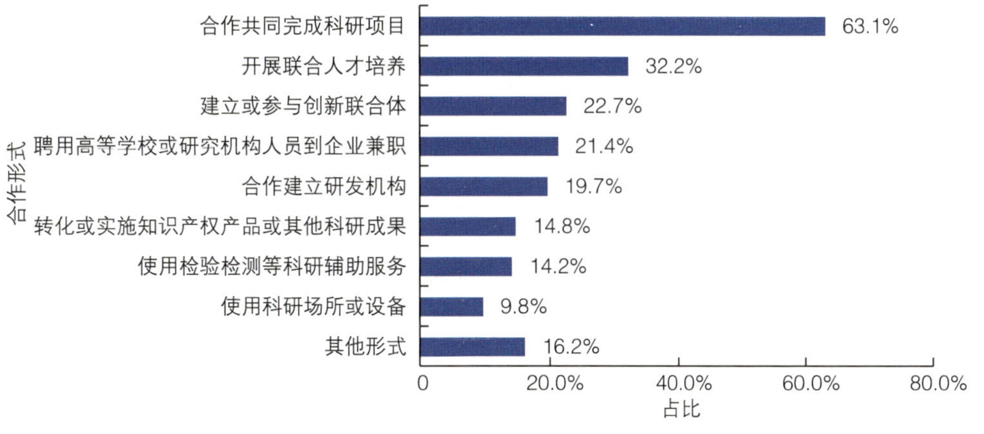

图1–14　产学研合作企业的主要合作形式（2021年）

（五）企业创新的阻碍因素

2021 年，规模以上企业中有 29.5% 的企业认为缺乏人才或人才流失是阻碍创新的主要因素；分别有 21.1% 和 16.6% 的企业认为创新成本过高、缺乏技术信息是阻碍创新的主要因素；分别有 15.0% 和 11.9% 的企业将没有创新的必要、不能确定市场需求归为主要的创新阻碍因素；有 10% 左右的企业将创新的阻碍因素归咎于缺乏内部资金、缺乏银行贷款和缺乏市场信息；创新成果易被低成本模仿（5.4%）、市场已被占领（3.4%）等因素对创新的阻碍较小，不构成企业创新的主要阻碍因素（图 1–15）。

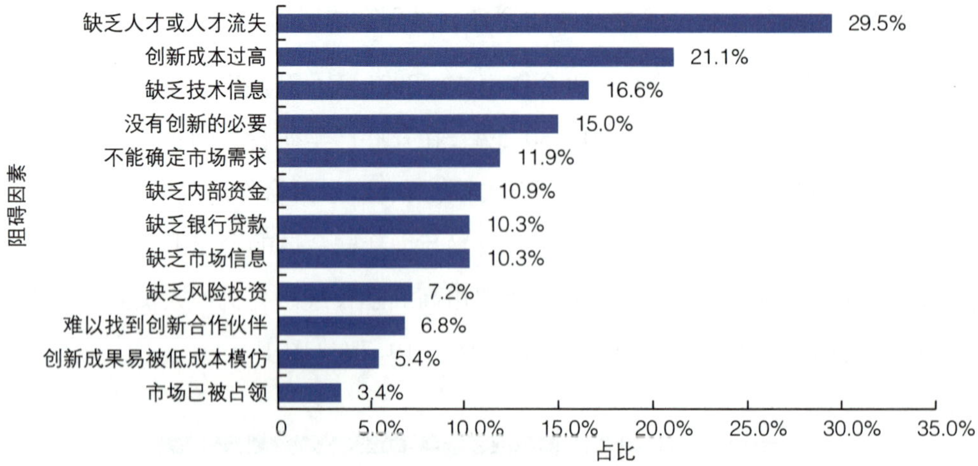

图1-15　规模以上企业产品创新或工艺创新的阻碍因素分布（2021年）

（六）知识产权保护

2021 年，约一半规模以上企业采取了知识产权保护或相关措施，达到 48.9 万家，占全部规模以上企业的 49.9%。18.6% 的企业通过发挥时间上的先发优势从技术成果中获益；分别有 11.6% 和 11.5% 的企业对技术秘密进行内部保护及申请了实用新型或外观设计专利；分别有 10.5% 和 8.0% 的企业申请了注册商标和发明专利；5.5% 的企业形成了国家或行业技术标准；进行了版权登记和应用了难以复制的复杂技术的企业占比分别为 3.2% 和 2.5%（图 1–16）。

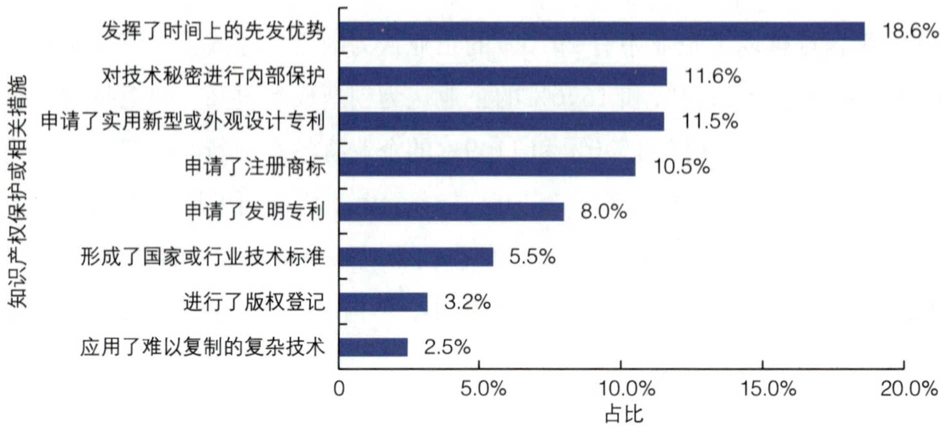

图1-16　规模以上企业采取的知识产权保护或相关措施分布（2021年）

（七）组织创新和营销创新

2021 年，31.4 万家企业实现了组织创新或营销创新，占全部规模以上企业的 32.0%；实现组织创新的企业占比为 25.4%；实现营销创新的企业占比为 22.4%；同时实现组织创新和营销创新的企业占比为 15.8%（图 1–17）。

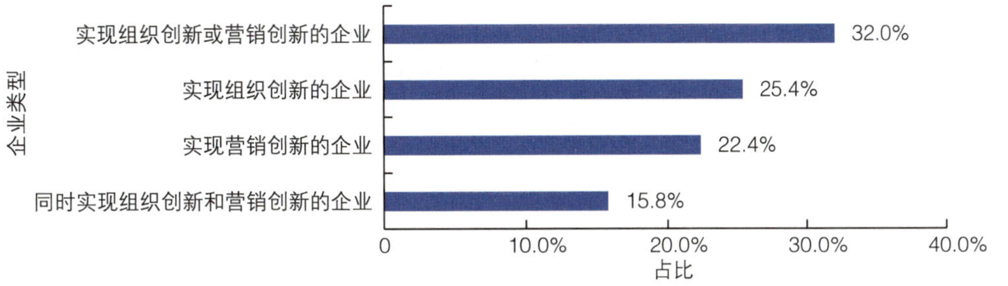

图1–17　规模以上企业中实现组织创新或营销创新的企业占比（2021年）

分产业看，工业中实现组织创新或营销创新的企业占比最高，达到 40.4%；建筑业（26.2%）和服务业（25.0%）次之。分地区看，中部地区实现组织创新或营销创新的企业占比最高，达 33.9%；东部地区、西部地区次之，占比分别为 32.0% 和 31.7%；东北地区实现组织创新或营销创新的企业占比为 24.3%（图 1–18）。

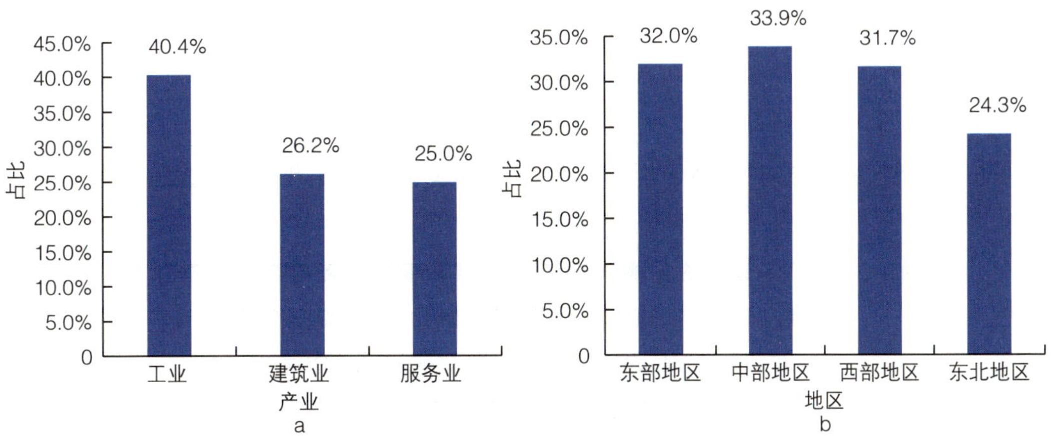

图1–18　规模以上企业中实现组织创新或营销创新的企业占比按产业和地区分布（2021年）

四、规模以上高技术产业企业创新特征

1. 高技术产业企业实现创新的比例明显高于规模以上企业整体水平

实现产品创新或工艺创新的企业占全部高技术产业企业的 69.8%，明显高于规模以上企业整体水平（27.8%）；实现产品创新和工艺创新的企业分别有 2.6 万家和 2.5 万家，占全部高技术产业企业的比重分别为 57.0% 和 56.4%，明显高于规模以上企业整体水平（20.0% 和 22.7%）；同时实现产品创新和工艺创新的企业占全部高技术产业企业的比重（43.5%）亦明显高于规模以上企业整体水平（14.9%）（图 1–19）。

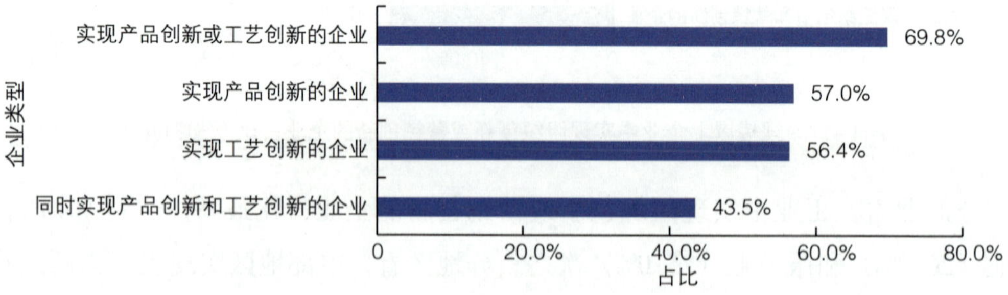

图1–19　高技术产业企业中实现产品创新或工艺创新的企业占比（2021年）

实现组织创新或营销创新的企业占全部高技术产业企业的 57.7%，明显高于规模以上企业整体水平（32.0%）；实现组织创新和营销创新的企业分别为 2.1 万家和 2.0 万家，占全部高技术产业企业的比重分别为 46.5% 和 44.0%，均明显高于规模以上企业整体水平（25.4% 和 22.4%）；同时实现组织创新和营销创新的企业占全部高技术产业企业的 32.9%，亦明显高于规模以上企业整体水平（15.8%）（图 1–20）。

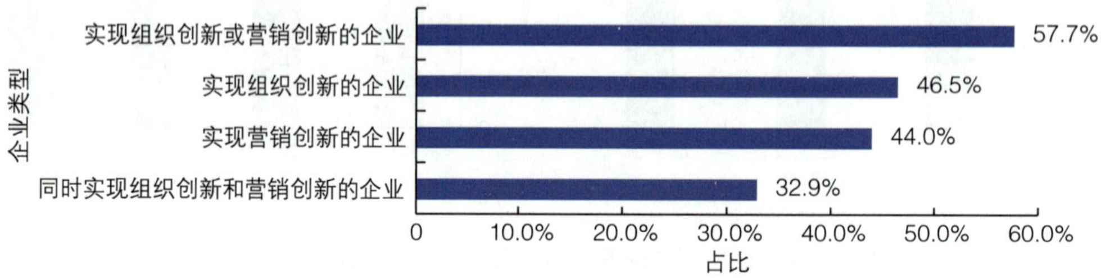

图1–20　高技术产业企业中实现组织创新或营销创新的企业占比（2021年）

2. 独立开发是企业产品创新和工艺创新的主导模式

在实现产品创新的 2.6 万家高技术产业企业中，有 88.8% 的企业选择本企业独立开发或与集团内企业合作开发的创新方式，高于规模以上企业整体水平（84.0%）；分别有 11.4% 和 10.0% 的企业通过本企业与境内其他企业合作开发、本企业与境内研究机构或高等学校合作开发来实现产品创新；同时，有逾 6% 的企业的产品创新方式是在其他单位开发的基础上调整或改进，或委托其他企业或机构开发（图 1–21）。

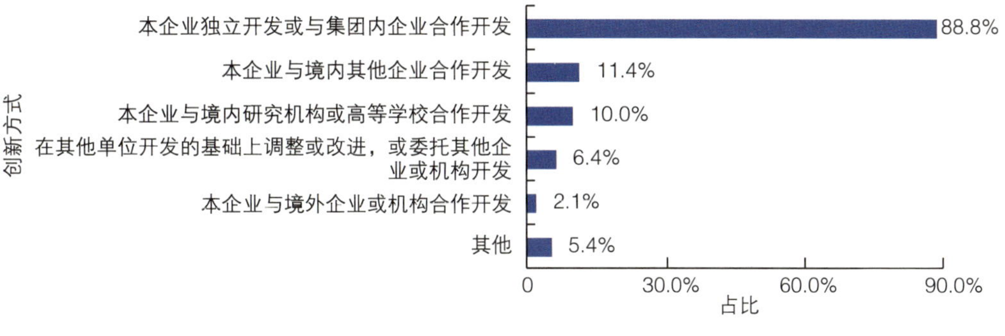

图1–21　实现产品创新的高技术产业企业的创新方式（2021年）

在实现工艺创新的高技术产业企业中，有 81.2% 的企业选择了本企业独立开发或与集团内企业合作开发的创新方式，高于规模以上企业整体水平（73.0%）。与实现产品创新的高技术产业企业类似，分别有 14.9% 和 9.2% 的企业通过本企业与境内其他企业合作开发、本企业与境内研究机构或高等学校合作开发来实现工艺创新（图 1–22）。

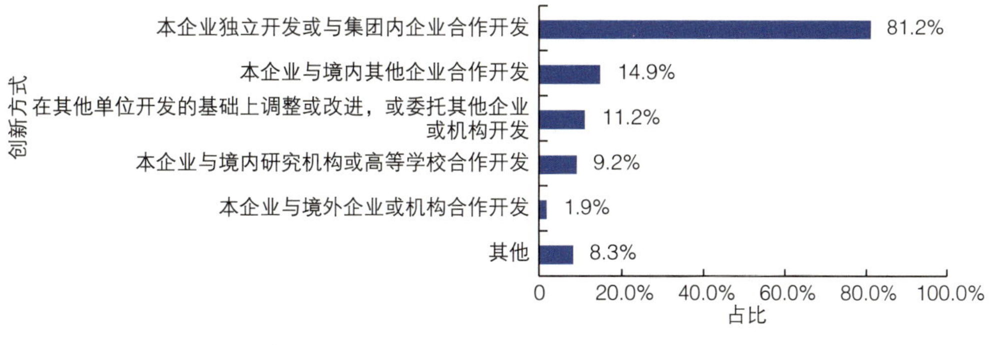

图1–22　实现工艺创新的高技术产业企业的创新方式（2021年）

3. 内部研发、获得机器设备和软件是最主要的创新活动类型

高技术产业企业创新活动类型分布与规模以上企业整体分布类似，但其各类创新活动类型占比整体上高于规模以上企业。在开展产品创新或工艺创新活动的高技术产业企业中，有 75.0% 的企业选择开展内部研发活动，明显高于规模以上企业整体水平（61.2%）；有 74.8% 的企业获得机器设备和软件；有 46.0% 的企业提供了相关培训；进行相关设计、市场推介的企业占比分别为 27.4% 和 23.2%；进行外部研发、从外部获取相关技术的企业占比分别为 14.7% 和 2.2%（图 1–23）。

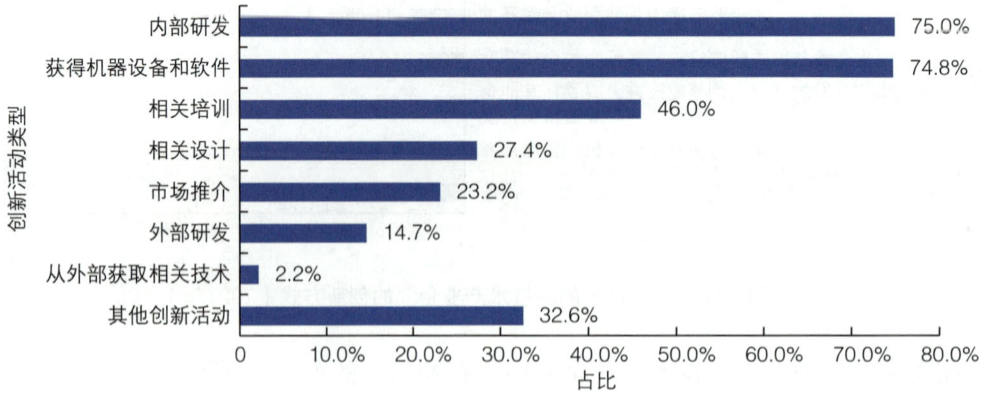

图1–23　开展产品创新或工艺创新活动高技术产业企业的创新活动类型（2021年）

4. 企业内部研发支出占创新经费比重超60%

2021 年，高技术产业企业创新经费支出为 8938.1 亿元。其中，内部研发经费支出占创新经费支出的比重达 63.6%，是最主要的创新经费支出项目；获得机器设备和软件经费支出占创新经费支出的比重为 23.8%；外部研发经费支出占创新经费支出的比重为 8.7%；从外部获取相关技术经费支出占创新经费支出的比重为 3.8%（图 1–24）。

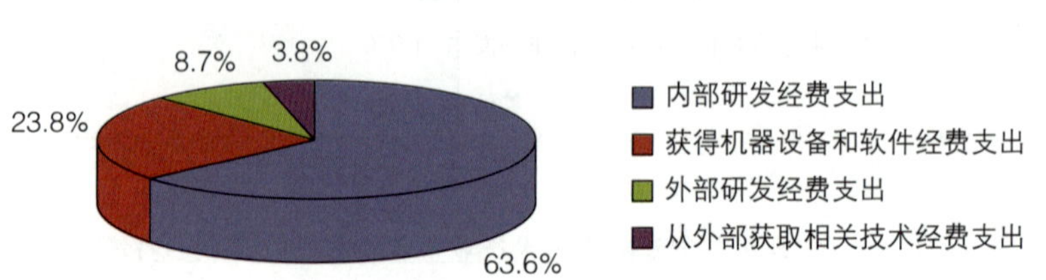

图1–24　高技术产业企业创新经费构成（2021年）

五、规模以上企业的企业家对创新和创新政策的判断

1. 超九成企业家认为创新对企业的生存和发展起了作用

对于判断创新对企业生存和发展的作用，绝大部分企业家给予肯定回答。42.1% 的企业家认为创新起了重要作用；50.6% 的企业家认为创新起了一定作用；认为创新不起作用的企业家占比为 7.4%（图 1–25）。

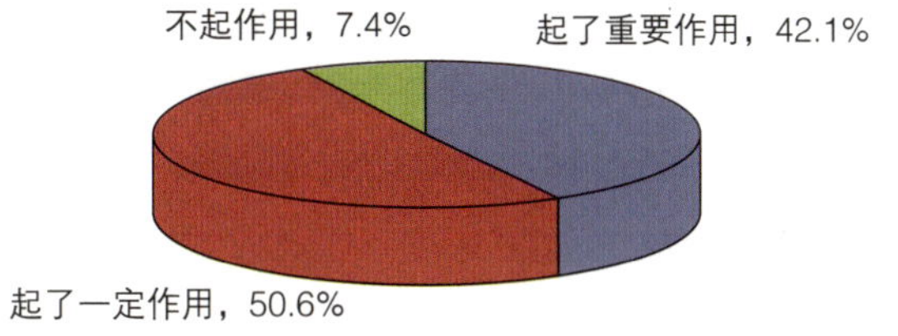

图1–25　规模以上企业的企业家对创新的总体认识（2021年）

2. 超过70%的企业家认为员工对企业的认同感会深刻影响企业创新

在开展创新活动的企业中，72.2% 的企业家认为员工对企业的认同感会深刻影响企业创新，构成对创新成功影响最大的因素；68.4% 的企业家认为高素质的人才对创新成功至关重要，体现了人力资本对企业创新的重要性；分别有 68.4% 和 67.8% 的企业家认为有创新精神的企业家和企业内部的激励措施是影响创新成功的重要因素；分别有 65.1% 和 64.7% 的企业家认为畅通的信息渠道、有效的技术战略或计划是影响创新成功的重要因素；超过 60% 的企业家认为充足的经费支持和优惠政策的扶持对创新成功至关重要（图 1–26）。

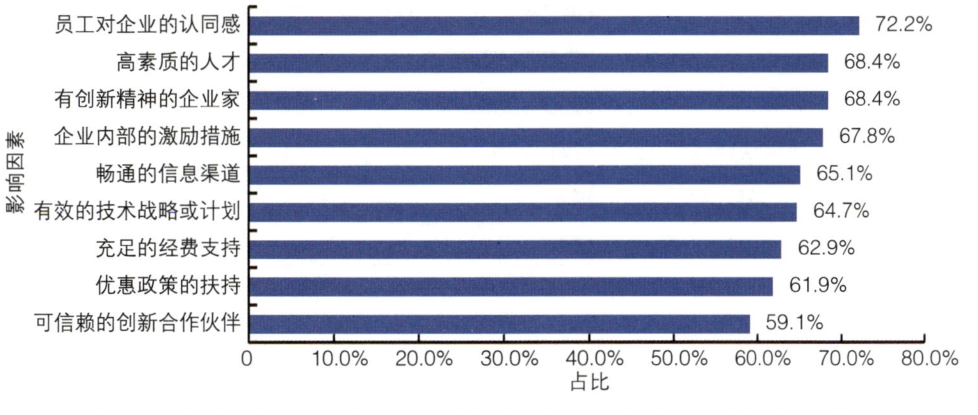

图1–26　规模以上企业的企业家对影响创新成功的重要因素的认识（2021年）

3. 六成企业家认为增加工资或奖金的创新激励效果明显

在开展创新活动的企业中，60.0% 的企业家认为增加工资或奖金的创新激励效果明显；分别有 52.4% 和 41.2% 的企业家认为岗位调整或升职机会、培训或深造机会是有效的创新激励措施；13.0% 的企业家强调股权或期权的重要激励作用；12.7% 的企业家表示汽车住房等物质奖励的创新激励效果明显（图 1–27）。

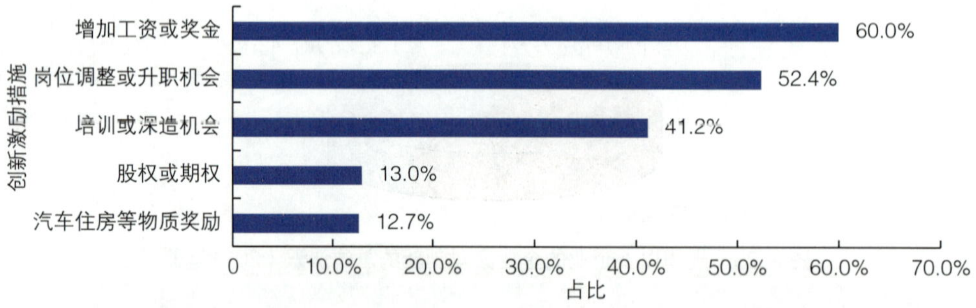

图1–27　规模以上企业的企业家对创新激励措施的认识（2021年）

4. 近一半企业制定了增加创新投入、提升企业竞争力的目标

制定创新战略目标的企业数为 41.7 万家，占全部规模以上企业的比重为 42.6%。其中，有 48.7% 的企业制定了增加创新投入、提升企业竞争力的战略目标；分别有 19.0%、18.7% 的企业制定了保持现有的技术水平和生产经营状况、赶超同行业国内领先企业的战略目标；制定了赶超同行业国际领先企业及保持本领域的国际领先地位战略目标的企业占比分别为 4.3% 和 3.9%（图 1–28）。

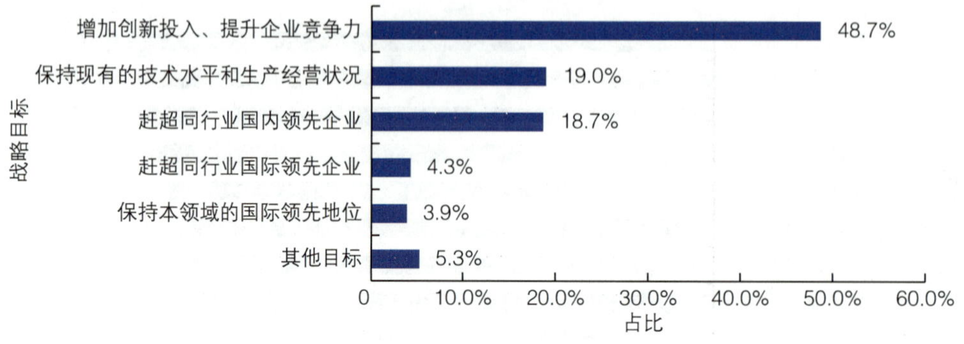

图1–28　规模以上企业制定创新战略目标情况（2021年）

5. 近四成的企业家对企业研发费用加计扣除税收优惠政策予以肯定

在开展创新活动的企业中，分别有 39.7% 和 32.2% 的企业家认为企业研发费用加计扣除税收优惠政策、高新技术企业所得税优惠政策效果明显；30.3% 的企业家认为创造和保护知识产权的相关政策具有明显效果；认为鼓励企业吸引和培养人才的相关政策、金融支持相关政策效果明显的企业家占比均为 28.5%；认为优先发展产业的支持政策、促进科技成果转化相关政策效果明显的企业家占比分别为 27.3% 和 26.6%；超过 20% 的企业家认为企业研发活动专用仪器设备加速折旧政策、关于推进大众创业万众创新的各项政策效果较明显；认为技术转让、技术开发收入免征增值税和技术转让减免所得税优惠政策具有显著效果的企业家占比为 18.6%（图 1–29）。

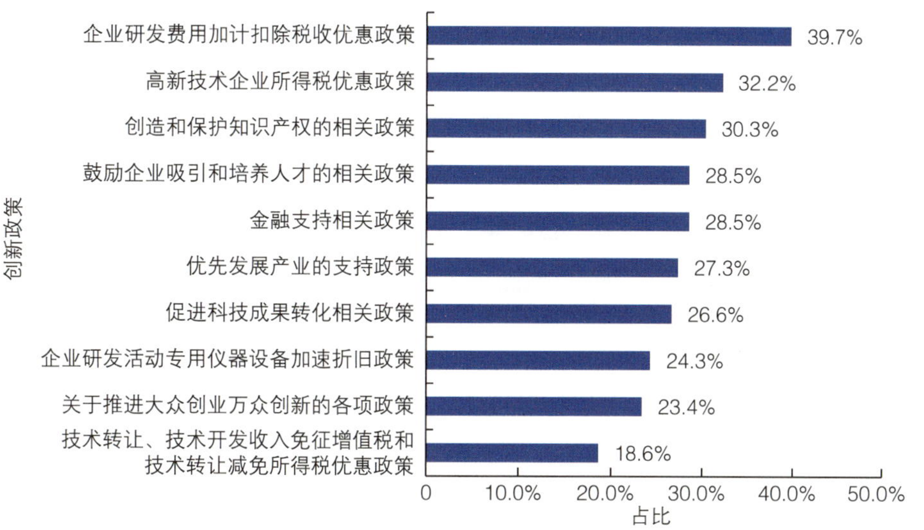

图1–29　规模以上企业的企业家认为效果明显的创新政策（2021年）

六、规模以下企业创新特征

2021 年，开展创新活动的规模以下企业共 1.7 万家；实现产品创新或工艺创新的企业占全部规模以下企业的 8.1%，低于规模以上企业整体水平（27.8%）；实现产品创新和工艺创新的企业分别为 0.5 万家和 0.4 万家，占全部规模以下企业的比重分别为 4.9% 和 4.6%，均低于规模以上企业整体水平（20.0% 和 22.7%）（图 1–30）。

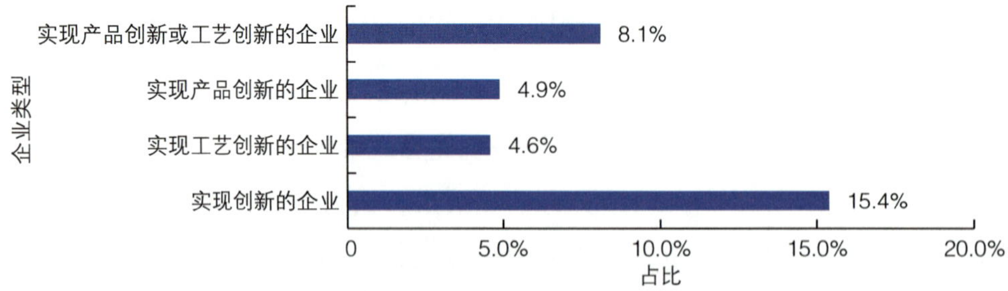

图1-30 规模以下企业中实现产品创新或工艺创新的企业占比（2021年）

实现组织创新或营销创新的企业占全部规模以下企业的 8.8%，明显低于规模以上企业整体水平（32.0%）；实现组织创新和营销创新的企业分别为 0.5 万家和 0.4 万家，占全部规模以下企业的比重分别为 5.0% 和 4.8%，低于规模以上企业整体水平（25.4% 和 22.4%）（图 1-31）。

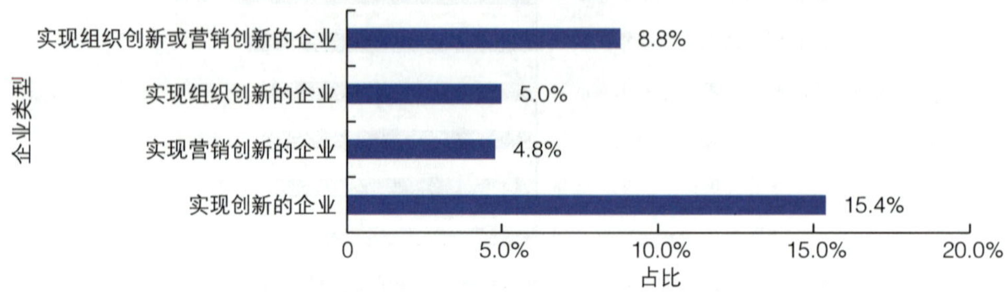

图1-31 规模以下企业中实现组织创新或营销创新的企业占比（2021年）

1. 自有资金和银行贷款是最主要的创新资金来源

2021 年，在实现技术创新的 0.8 万家规模以下企业中，有 91.0% 的企业的创新资金来源为自有资金；有 21.6% 的企业通过银行贷款来获取创新资金；将政府资金作为创新资金来源的企业占比为 4.5%；把民间借贷、众筹作为创新资金来源的企业占比分别为 3.9% 和 2.5%；分别有 1.1% 和 0.7% 的企业将风险投资及接受委托资金作为自身的创新资金来源（图 1-32）。

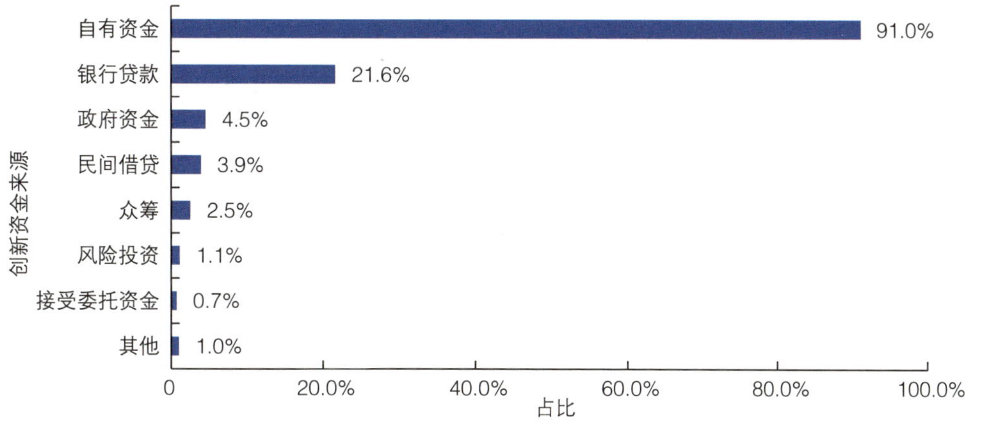

图1-32　规模以下企业技术创新的资金来源（2021年）

2. 独立研发是最主要的技术来源

2021 年，实现技术创新的规模以下企业共 0.8 万家。其中，72.8% 的企业开展了独立研发，构成规模以下企业实现技术创新最主要的技术来源；分别有 22.2% 和 11.2% 的规模以下企业的技术来源为合作开发和购买技术；把委托开发作为主要技术来源的规模以下企业比重为 8.5%（图 1–33）。

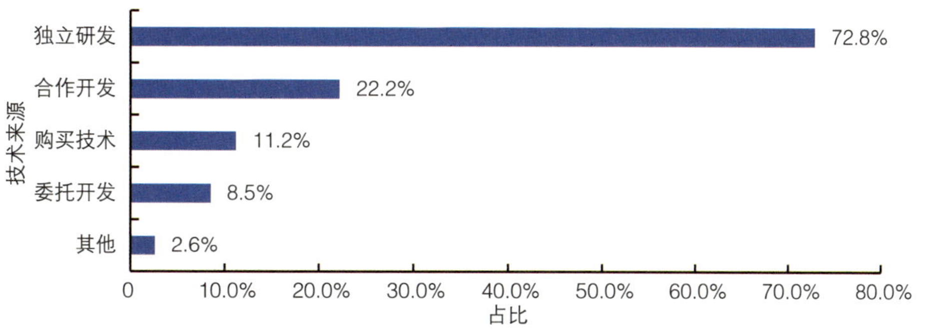

图1-33　规模以下企业产品创新或工艺创新的技术来源（2021年）

3. 企业不同创新合作对象所占比例相对均衡

2021 年，开展技术创新合作的规模以下企业有近 0.2 万家。客户或供应商是这些创新合作企业的主要合作伙伴，占比为 43.1%；分别有 41.7% 和 38.7% 的规模以下企业选择进行产学研合作及与其他企业进行合作（图 1–34）。

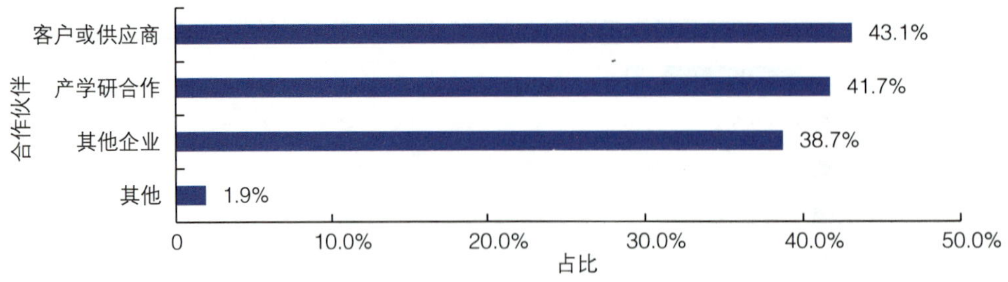

图1-34 规模以下企业技术创新的合作伙伴（2021年）

4. 人才短缺与资金不足构成企业创新过程中面临的主要困难

在实现技术创新的企业中，人才短缺和资金不足构成企业创新面临的主要困难，占比分别为 53.8% 和 48.8%；分别有 34.8% 和 15.8% 的企业在创新中遇到了市场环境不佳和适用技术短缺的困难；认为知识产权保护不力是企业主要创新困难的企业占 5.3%（图 1–35）。

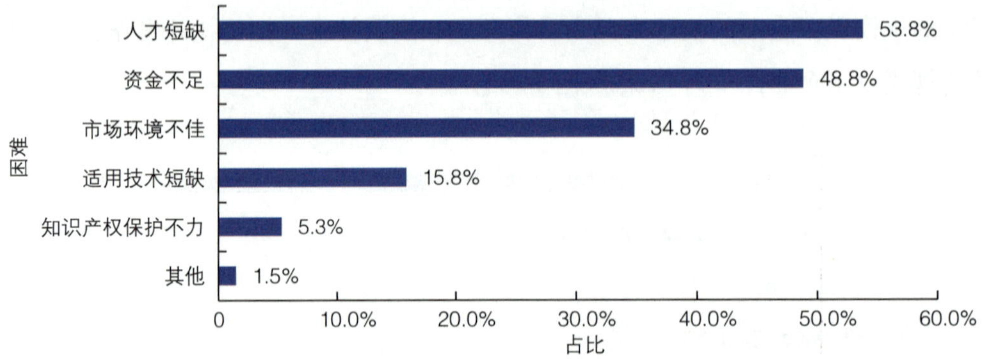

图1-35 规模以下企业产品创新或工艺创新面临的困难（2021年）

5. 税费减免是规模以下企业享受到的最主要创新政策

2021 年，享受了创新相关政策的规模以下企业为 1.2 万家，占开展创新活动的规模以下企业的 73.4%。在享受到创新相关政策的规模以下企业中，享受税费减免政策的企业比重为 77.8%，是规模以下企业享受到的最主要政策；分别有 12.5% 和 11.1% 的规模以下企业享受到了知识产权保护政策和金融服务政策；享受平台支撑和人才保障政策的规模以下企业占比均为 10.4%；享受政府采购政策的规模以下企业占比为 5.0%（图 1–36）。

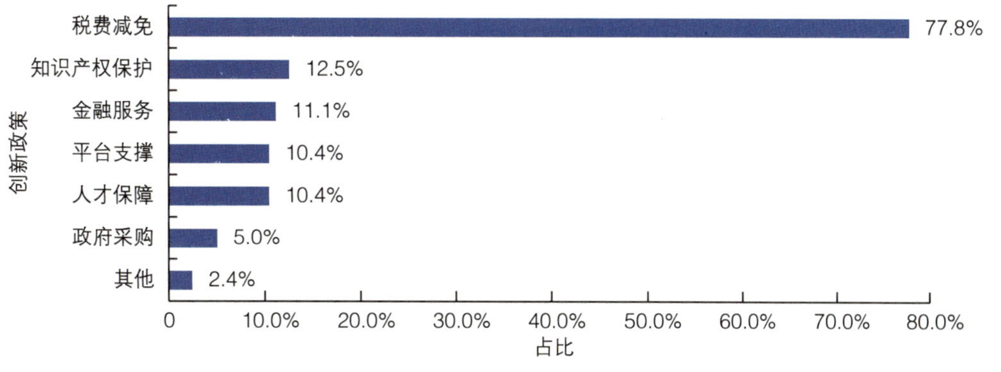

图1-36　规模以下企业享受创新政策情况（2021年）

6. 不知道有相关政策是阻碍企业创新政策落实的重要因素

在开展创新活动的规模以下企业中，除了因不满足享受政策的条件而未享受创新政策外，29.7% 的企业是由于不知道有相关政策而导致创新政策未能落实；认为政策办理手续烦琐、政策吸引力不足是影响企业创新政策落实主要阻碍因素的企业占比均为 14.7%；认为政策执行力度不够会阻碍创新政策落实的企业占比为 8.8%（图 1–37）。

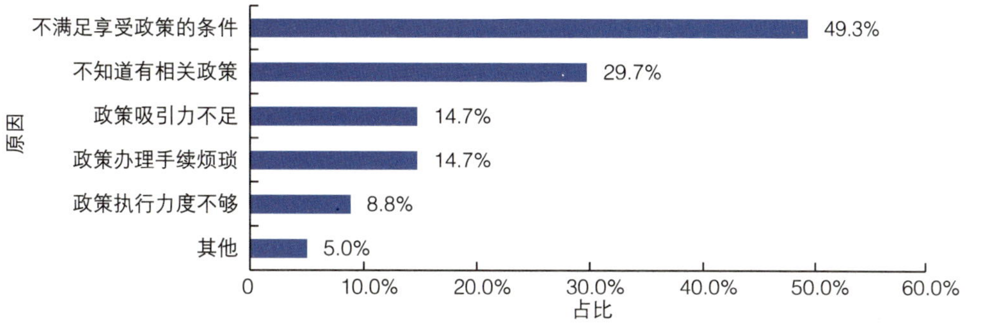

图1-37　影响规模以下企业创新政策落实的原因（2021年）

历史篇

第二章

企业创新能力评价指标体系构成

一、总体说明

（一）企业创新能力界定

企业创新能力一方面体现在创新的多维度性，包括产品创新、工艺创新、组织创新及营销创新；另一方面体现在创新的全流程性，包括创新投入、创新产出和创新成果商业化。综合来看，企业的创新能力体现在 4 个方面：一是企业的创新投入能力，包括企业 R&D 经费与 R&D 人员投入，既包括投入的数量，也包括投入的质量，即企业研发机构高质量的 R&D 经费投入及人才投入；二是创新资源协调能力，包括企业与其他主体进行合作创新、从外部获得技术支持的能力，以及与政府形成良好互动、利用政策资源的能力；三是知识产权能力，包括知识产权创造、知识产权保护、知识产权运营及将知识产权优势转化为竞争优势的能力；四是创新驱动能力，包括新产品的市场开拓能力、国际市场影响力和对于经济社会的推动力。

（二）构建企业创新能力评价指标体系的基本原则

企业创新能力评价指标体系的构建主要遵循 3 个基本原则。一是构建的指标体系能够全面、系统地反映企业创新能力的变化；二是确保指标数据的权威性、完整性及统计口径的一致性，增强基础数据的连续性及可对比性，即生成评价指标的基础数据均来自政府统计调查制度，并采用根据国家或部门统计标准计算而来的统计指标；三是确保数据的公开性，生成评价指标的基础数据均来自公开出版物，包括《中国统计年鉴》《中国科技统计年鉴》《全国企业创新调查年鉴》《企业研发活动情况统计年鉴》《中国工业统计年鉴》等。

（三）企业创新能力评价指标体系构成

构建企业创新能力评价指标体系，主要参考借鉴了国内外较有影响力的创新能力评价研究成果，包括经济合作与发展组织的《OECD 科学技术和工业记分牌》、欧盟的《欧洲创新记分牌》，以及国内的《国家创新指数报告》《中国区域科技创新评价报告》《中国企业创新能力统计监测报告》《创新型国家进程统计监测研究报告》。

企业创新能力评价指标体系包括创新投入能力、协同创新能力、知识产权能力和创新驱动能力 4 个一级指标、12 个二级指标和 24 个三级指标（表 2–1）。在三级指标的设计上，采用了相对指标与绝对指标相结合的方法，以更全面、客观地反映企业创新能力。

表2–1　指标体系框架

一级指标	二级指标	三级指标
创新投入能力	1　创新经费	1.1　创新经费投入
		1.2　R&D 经费支出与营业收入比值
	2　创新人力	2.1　企业 R&D 人员中硕士博士学历人员数
		2.2　R&D 人员占就业人员比重
	3　研发机构	3.1　有研发机构的企业占工业企业的比重
		3.2　研发机构 R&D 经费投入占企业 R&D 经费的比重
协同创新能力	4　创新合作	4.1　创新合作企业占全部企业比重
		4.2　合作开发技术合同成交额占技术开发合同总成交额比重
	5　创新资源整合	5.1　引进技术和消化吸收经费支出之和与企业营业收入的比值
		5.2　购买境内技术与技术改造经费支出之和与企业营业收入的比值
	6　创新政策利用	6.1　企业 R&D 经费内部支出中政府资金量
		6.2　研发费用加计扣除减免税
知识产权能力	7　知识产权创造	7.1　每亿元 R&D 经费投入的发明专利授权量
		7.2　每 10 亿元 R&D 经费投入的马德里商标申请数
	8　知识产权保护	8.1　采取知识产权保护或相关措施的企业占全部企业的比重
		8.2　认为知识产权保护政策有效的企业占比
	9　知识产权运用	9.1　万名企业就业人员有效发明专利量
		9.2　技术转让合同成交额

续表

一级指标	二级指标	三级指标
创新驱动能力	10 创新价值实现	10.1 新产品销售收入占营业收入比重
		10.2 知识产权使用费国际收入
	11 市场影响力	11.1 进入国家阶段的 PCT 国际专利申请数
		11.2 马德里商标注册数
	12 经济社会发展	12.1 劳动生产率
		12.2 综合能耗产出率

二、指标体系框架

（一）创新投入能力

创新投入能力反映企业开展创新活动的意愿和投入力度，主要从创新经费、创新人力及研发机构 3 个方面来测度，包括 3 个二级指标和 6 个三级指标。

其中，创新经费包括创新经费投入、R&D 经费支出与营业收入比值 2 个指标，分别反映创新经费投入规模和研发经费投入强度两个方面；创新人力包括企业 R&D 人员中硕士博士学历人员数、R&D 人员占就业人员比重 2 个指标，分别反映高学历 R&D 人员规模和 R&D 人员投入强度两个方面；研发机构包括有研发机构的企业占工业企业的比重、研发机构 R&D 经费投入占企业 R&D 经费的比重 2 个指标，分别反映企业研发机构设立比例、研发机构的经费支出情况两个方面。

（二）协同创新能力

协同创新能力反映企业在利用外部创新资源、开展合作创新方面的能力，主要从创新合作、创新资源整合、创新政策利用 3 个方面来反映，包括 3 个二级指标和 6 个三级指标。

其中，创新合作包括创新合作企业占全部企业比重、合作开发技术合同成交额占技术开发合同总成交额比重 2 个指标，分别反映创新合作企业的比例、合作开发技术合同的成交情况两个方面；创新资源整合包括引进技术和消化吸收经费支出之和与企业营业收入的比值、购买境内技术与技术改造经费支出之和与企业营业收入的比值 2 个指标，分别反映企业吸收与改造境外技术的能力及企业获取境内技术与技术改造的能力两个方面；创新政策利用包括企业 R&D 经费内部支出中政府资金量、研发费用加计扣除减免税 2 个指标，企业从这两项政策中获得的资金规模能够反映企业利用创新政策的程度。

（三）知识产权能力

知识产权能力反映企业在知识产权创造、保护和运用方面的表现，主要从知识产权创造、知识产权保护和知识产权运用 3 个方面来反映，包括 3 个二级指标和 6 个三级指标。

其中，知识产权创造包括每亿元 R&D 经费投入的发明专利授权量、每 10 亿元 R&D 经费投入的马德里商标申请数 2 个指标，分别从专利和商标创造的角度反映知识产权产出效率；知识产权保护包括采取知识产权保护或相关措施的企业占全部企业的比重、认为知识产权保护政策有效的企业占比 2 个指标，分别反映企业的知识产权保护意识和知识产权的实际受保护效果；知识产权运用包括万名企业就业人员有效发明专利量、技术转让合同成交额 2 个指标，分别反映企业知识产权维持、利用并转化为经济收益的能力。

（四）创新驱动能力

创新驱动能力反映企业在创新价值实现、增强市场竞争力和推动经济发展方式转变方面的表现，主要从创新价值实现、市场影响力、经济社会发展 3 个方面来反映，包括 3 个二级指标和 6 个三级指标。

其中，创新价值实现包括新产品销售收入占营业收入比重、知识产权使用费国际收入 2 个指标，主要反映新产品销售、知识产权出口收益两个方面；市场影响力包括进入国家阶段的 PCT 国际专利申请数、马德里商标注册数 2 个指标，分别反映企业运用专利和商标开拓国际市场的能力；经济社会发展包括劳动生产率、综合能耗产出率 2 个指标，分别反映劳动生产效率和绿色低碳生产水平。

三、具体指标说明

（一）创新经费

1. 创新经费投入

该指标反映创新经费投入水平。创新经费投入包括 R&D 经费内部支出、R&D 经费外部支出、购买机器设备和软件经费支出、从外部获取相关技术经费支出。

2. R&D经费支出与营业收入比值

该指标反映企业 R&D 经费支出强度。计算方法为工业企业 R&D 经费内部支出 / 工业企业营业收入。其中，工业企业 R&D 经费内部支出指工业企业在报告期用于内部开展 R&D 活动的实际支出，包括人员工资、劳务费、其他日常支出、仪器设备购置费、土地使用和建造费等，不包括与外单位合作研究而拨给对方使用的经费。工业企业营业收入指工业企业在销售商品、提供劳务等日常活动中所产生的收入总额，包括主营业务收入和其他业务收入。

（二）创新人力

1. 企业R&D人员中硕士博士学历人员数

该指标反映企业 R&D 人员中高学历人员所占的比例。其中，高学历人员包括硕士研究生毕业生、博士研究生毕业生。

2. R&D人员占就业人员比重

该指标反映 R&D 人员投入强度。计算方法为企业 R&D 人员投入数 / 企业就业人员数。其中，R&D 人员指报告期企业内部从事基础研究、应用研究和试验发展活动的人员，包括直接参加 R&D 活动的人员和与 R&D 活动相关的管理人员和直接服务人员，不包括为 R&D 活动提供间接服务的人员，如餐饮服务人员、安保人员等，R&D 人员投入数按全时当量统计；企业就业人员数采用工业企业平均用工人数。

（三）研发机构

1. 有研发机构的企业占工业企业的比重

该指标反映企业内部设立研发机构的情况。计算方法为有研发机构的企业数／工业企业数。企业办研发机构是指企业自办或与外单位合办、在管理上同生产系统相对独立（或单独核算）的专门研究开发机构。有研发机构的企业数主要反映企业可长期持续开展 R&D 活动的组织载体情况。

2. 研发机构R&D经费投入占企业R&D经费的比重

该指标反映研发机构的经费投入水平。计算方法为研发机构 R&D 经费投入／企业 R&D 经费内部支出。其中，研发机构 R&D 经费投入指报告期企业办研发机构用于内部开展研发活动实际支出的总费用，包括机构人员劳务费（含工资）支出、机构业务费支出、管理支出、固定资产购建支出及其他维持机构正常工作的日常费用等。

（四）创新合作

1. 创新合作企业占全部企业比重

该指标反映企业开展创新合作的活跃程度。创新合作指企业与其他企业或机构共同开展的产品或工艺创新活动，不包括纯外包项目，反映了企业创新活动的开放性。

2. 合作开发技术合同成交额占技术开发合同总成交额比重

该指标反映企业采用合作方式进行技术开发的情况。技术开发合同是当事人之间就新技术、新产品、新工艺、新品种或新材料及其系统的研究开发所订立的合同，包括委托开发合同和合作开发合同。合作开发技术合同成交额反映了企业与其他创新主体共同参与、协作完成研究开发工作的程度。

（五）创新资源整合

1. 引进技术和消化吸收经费支出之和与企业营业收入的比值

该指标反映企业吸收与改造境外技术的能力。其中，引进技术经费支出指企业在报告期内购买境外技术的费用支出，包括产品设计、工艺流程、图纸、配方、专利、技术诀窍及设备的费用支出；消化吸收经费支出指企业在报告期内引进境外技术的消化吸收经费支出。

2. 购买境内技术与技术改造经费支出之和与企业营业收入的比值

该指标反映企业获取境内技术与技术改造的能力。其中，购买境内技术经费支出指报告期内企业购买境内其他单位科技成果的经费支出，包括购买产品设计、工艺流程、图纸、配方、专利、技术诀窍及设备的费用支出；技术改造经费支出指报告期内企业进行技术改造而发生的费用支出。技术改造指企业在坚持科技进步的前提下，将科技成果应用于生产的各个领域，用先进工艺、设备代替落后工艺、设备，实现以内涵为主的扩大再生产，从而提高产品质量、促进产品更新换代、节约能源、降低消耗，全面提高综合经济效益。

（六）创新政策利用

1. 企业R&D经费内部支出中政府资金量

该指标反映企业获得政府研发资金支持的能力。企业 R&D 经费内部支出中政府资金量指企业 R&D 经费内部支出中来自各级政府的财政资金，包括财政科学技术支出和财政其他功能支出中用于 R&D 活动的实际支出。

2. 研发费用加计扣除减免税

该指标反映企业获得税收优惠政策支持的能力。研发费用加计扣除减免税指企业按有关政策和税法规定税前加计扣除的研究开发活动费用所得税。

（七）知识产权创造

1. 每亿元R&D经费投入的发明专利授权量

该指标反映企业发明专利的产出效率。其中，R&D 经费指 R&D 经费内部支出；发明专利授权量指企业作为第一专利权人，在报告年度内获得的经国内外专利行政部门授权的发明专利件数。

2. 每10亿元R&D经费投入的马德里商标申请数

该指标反映企业的商标权产出效率。其中，马德里商标是根据《商标国际注册马德里协定》或《商标国际注册马德里协定有关议定书》的规定，在马德里联盟成员国所进行的商标注册。马德里商标注册必须以国内商标注册或国内商标注册申请为基础。

（八）知识产权保护

1. 采取知识产权保护或相关措施的企业占全部企业的比重

该指标反映企业的知识产权保护意识和保护水平。采取的知识产权保护或相关措施主要包括申请发明专利、申请实用新型或外观设计专利、申请注册商标、进行版权登记、形成国家或行业技术标准、对技术秘密进行内部保护、应用难以复制的复杂技术、发挥时间上的先发优势等。

2. 认为知识产权保护政策有效的企业占比

该指标反映企业对知识产权保护政策的运用能力。知识产权保护政策主要包括知识产权保护法律法规、知识产权保护衔接机制和知识产权侵权惩罚性赔偿制度。

（九）知识产权运用

1. 万名企业就业人员有效发明专利量

该指标反映企业的技术储备和发明专利维持水平。其中，有效发明专利量指报告期末企业作为专利权人在报告期拥有的经国内外知识产权行政部门授权，并且在有效期内的发明专利件数。

2. 技术转让合同成交额

该指标反映企业知识产权的转化能力和市场竞争力。其中，技术转让合同指合法拥有技术的权利人将现有特定的专利、专利申请、技术秘密的相关权利让与他人所订立的合同。

（十）创新价值实现

1. 新产品销售收入占营业收入比重

该指标反映企业新产品的产出及利润实现能力。新产品销售收入指企业销售新产品实现的收入总额。

2. 知识产权使用费国际收入

该指标反映企业知识产权的国际影响力及在国际市场的获利能力。其中，知识产权使用费包括特许和商标使用费、研发成果使用费、复制或分销计算机软件许可费、复制或分销视听及相关产品许可费和其他知识产权使用费。

（十一）市场影响力

1. 进入国家阶段的PCT国际专利申请数

该指标反映企业向国外申请专利的规模。PCT 是专利合作条约（Patent Cooperation Treaty）的简称，通过 PCT 提交一件国际专利申请后，申请人可以同时在全世界 100 多个国家寻求对其发明的保护。PCT 体系只是一个申请系统，不进入国家阶段就不能获得专利权，进入国家阶段后，还需要接受初步审查、国家公布、实质审查、授权公告等环节。

2. 马德里商标注册数

该指标反映企业商标申请的国际影响力。马德里商标注册数指企业在报告期末拥有的马德里商标件数。

（十二）经济社会发展

1. 劳动生产率

该指标反映生产效率水平。计算方法为国内生产总值／就业人员数。

2. 综合能耗产出率

该指标反映生产活动的能源消耗程度。计算方法为国内生产总值／能源消费总量。

历史篇

第三章

企业创新能力动态评价

企业创新能力动态评价包括创新投入能力、协同创新能力、知识产权能力和创新驱动能力 4 个方面。2021 年，中国企业总体创新能力稳步增长，较 2012 年提升了 150.7%。企业创新人力持续快速增长，研发机构投入有所增强，创新经费增速放缓；企业创新政策利用及创新合作能力有所提升，创新资源整合方面发展较缓；企业知识产权运用能力持续提升，知识产权保护能力和知识产权创造能力提升放缓；企业创新价值实现能力明显增强，对经济社会发展的辐射力不断扩大。

一、企业创新能力总体评价

企业创新能力指数由创新投入能力、协同创新能力、知识产权能力及创新驱动能力 4 个方面的信息综合而成。为体现企业在各个维度创新方面的动态变化，并确保数据的可比性，报告以 2012 年为基期（指数为 100.0），以 2012 年价格作为不变价，计算历年的相对创新表现。

2021 年，企业创新能力总指数比 2012 年增长了 150.7%。总体上，2012—2021 年，企业创新能力总指数逐年上升，企业创新能力呈稳步增强态势（图 3–1）。

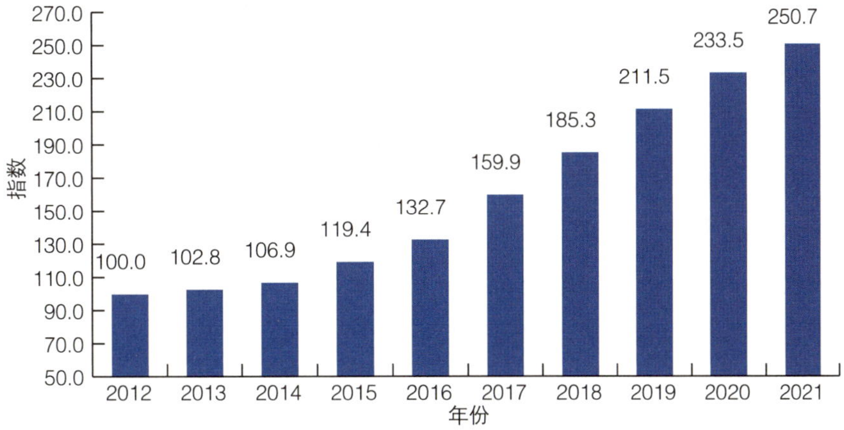

图3-1　企业创新能力总指数（2012—2021年）

2012 年以来，企业各个维度的创新能力均持续提升，但增幅不完全一致（图 3–2）。2021 年，创新驱动能力指数提升幅度最大，较 2012 年增长了 256.2%；知识产权能力指数次之，较 2012 年增长了 136.3%；协同创新能力指数及创新投入能力指数较 2012 年分别增长了 127.5% 及 83.1%。

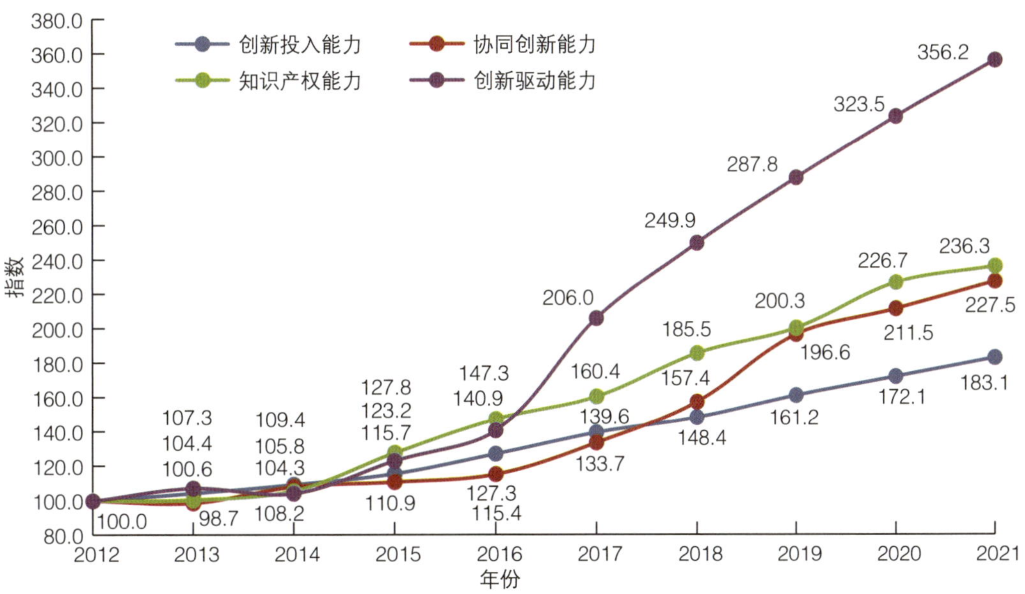

图3-2　企业创新能力分项指标指数（2012—2021年）

从 2012—2021 年的创新能力提升过程来看，创新投入能力指数在 2012—2015 年保持稳定增长，2015 年之后增长速度加快；知识产权能力指数早期增长平缓，自 2015 年起超过创新投入能力指数后与之并驾齐驱，2021 年两者之间的差距与 2018 年基本持平；创新驱动能力指数在 2012—2014 年的增长幅度有一定波动，2015 年和 2016 年增长速度逐步回升，2017 年实现增长领跑，此后一直保持着稳定的上升趋势，成为引领企业创新能力提升的重要力量；协同创新能力指数在 2012—2015 年出现一定波动，自 2017 年起保持较高的增长速度。

二、企业创新能力分项指标评价

（一）创新投入能力

2021 年，企业创新人力指数和创新经费指数较 2012 年的增长幅度分别为 87.9% 和 86.1%，研发机构指数较 2012 年增长 75.2%。创新人力指数在 2012—2015 年保持稳定增长，2016—2017 年增长速度有所加快，2019—2021 年增长速度进一步加快；创新经费指数在 2012—2020 年呈稳步增长趋势，年增长 10% 左右，2021 年增速有所放缓；研发机构指数的变化和创新经费指数基本类似，2021 年研发机构指数较上年的增速超过创新经费指数（图 3–3）。

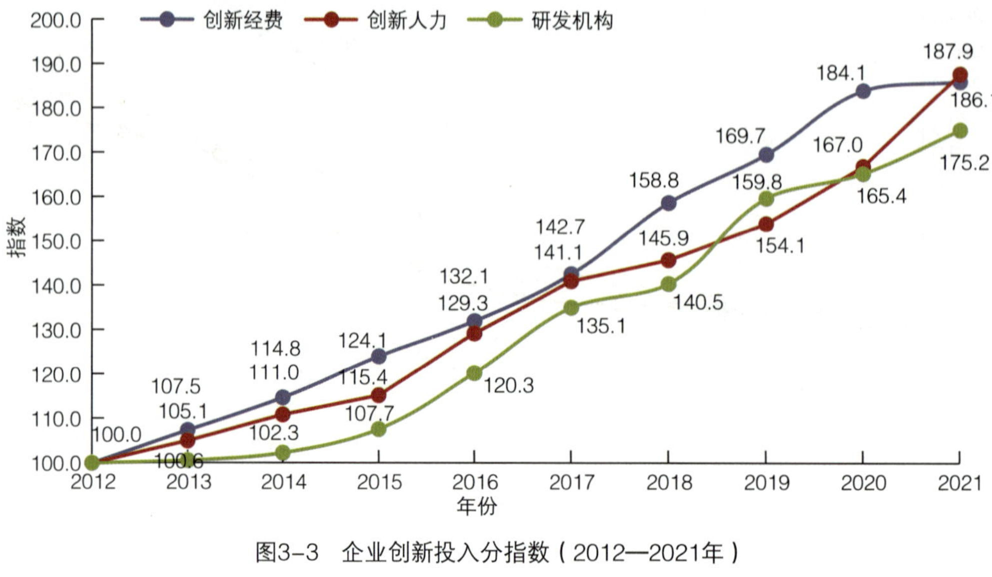

图3–3　企业创新投入分指数（2012—2021年）

1. 企业 R&D 人员中研究生数逐年增加，R&D 人员比重平稳增长

企业 R&D 人员中硕士博士学历人员数呈小幅上升趋势，2012—2017 年逐年增长，2018 年有所回落，2021 年稳步上升至 51.08 万人；R&D 人员占就业人员比重总体呈上升趋势，2012—2014 年 R&D 人员占就业人员比重逐年增加，2015 年略有下降，自 2016 年起保持稳定快速增长，2021 年比重达到 7.0%（图 3–4）。

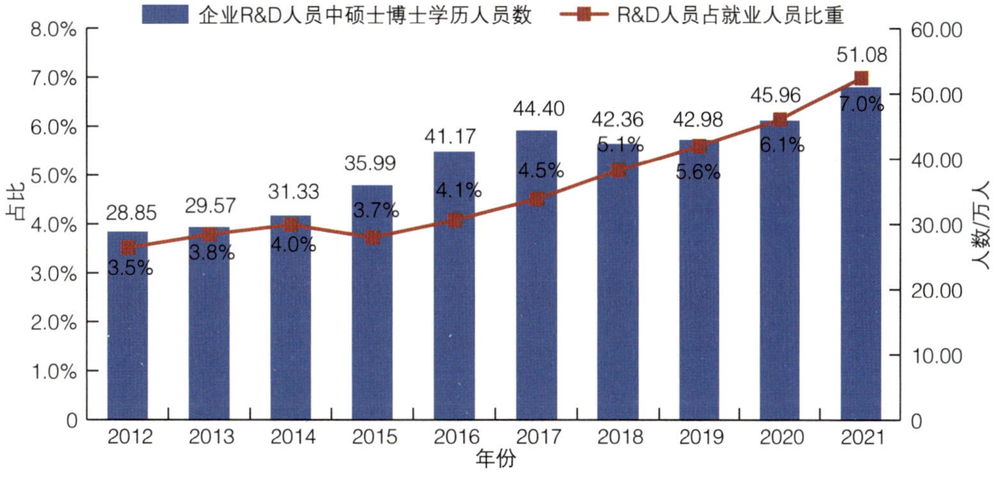

图3-4　企业R&D人员投入情况（2012—2021年）

2. 创新经费投入稳步上升，R&D经费逐年增长，投入强度超过1%

创新经费投入呈逐年上升趋势，从 2012 年的 0.8 万亿元上升到 2021 年的 1.6 万亿元，基本翻了一番。创新经费增长率从 2012 年开始逐年放缓，2018 年实现回升，2020 年进一步升至 10.2%，2021 年创新经费增长率为 7.8%。持续增长的创新经费总量投入，为企业扩大创新活动规模和实现创新成果转化奠定了坚实基础（图 3–5）。

伴随创新经费总量投入增加，R&D 经费的投入强度也逐年提升。企业 2012—2016 年 R&D 经费支出与营业收入比值均低于 1%，2017—2021 年保持在 1% 以上，从 1.06% 上升到 1.33%。

图3-5　企业创新经费投入（2012—2021年）

3. 有研发机构的企业占比不断上升，研发机构经费投入占比超过90%

2012 年，仅 11.3% 的企业拥有研发机构，到 2021 年，这一比重提升了 1 倍多，上升至 24.6%；研发机构 R&D 经费投入占企业 R&D 经费的比重在 2012—2018 年变动不大，2019 年后增长明显，2021 年达到 96.4%（图 3–6）。

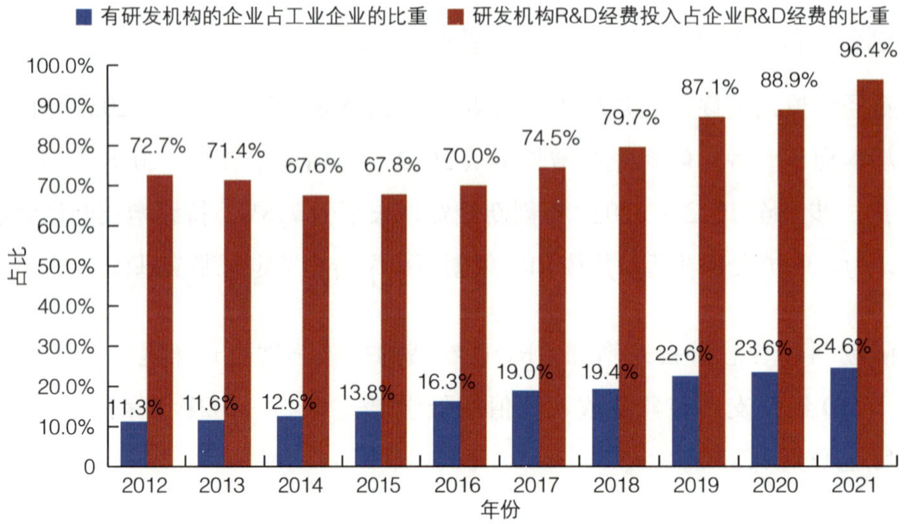

图3-6　企业研发机构设立情况（2012—2021年）

（二）协同创新能力

从反映协同创新能力的 3 个二级指数的表现看，创新合作指数在 2012—2016 年小幅增长，2017 年增速明显，2018—2020 年增幅放缓，2021 年该指数较 2012 年增长 92.8%；创新资源整合指数在 2012—2017 年有所下降，2017—2021 年出现小幅波动，2021 年为基年的 72.7%；创新政策利用指数呈不断增强之势，2021 年比 2012 年增长了 317.0%（图 3–7）。这表明企业在协同创新方面具有非同步性，创新合作开展能力及外部创新资源整合能力有待提升。

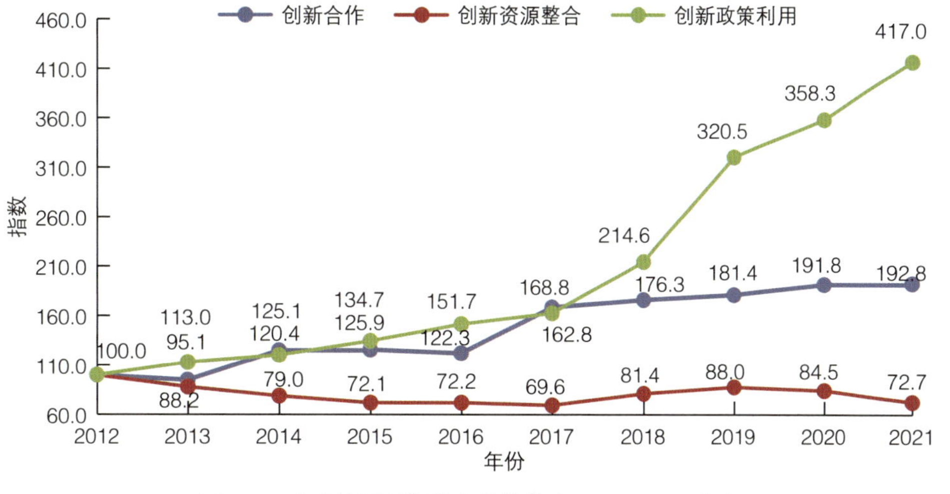

图3–7　企业协同创新能力分指数（2012—2021年）

1. 开展创新合作的企业比重逐年增加

开展创新合作的企业数逐年稳步增长，2021 年增速进一步加快，由 2016 年的 12.0 万家增至 2021 年的 27.3 万家，增长 127.5%。此外，创新合作企业占全部企业比重由 2016 年的 16.5% 上升至 2021 年的 27.9%（图 3–8）。

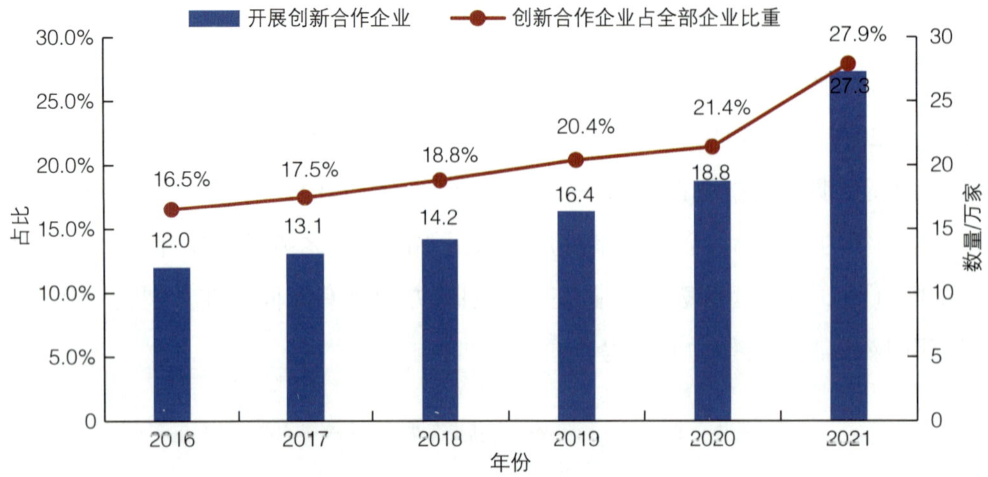

图3-8　企业开展创新合作情况（2016—2021年）

2. 合作开发技术合同成交额占比有所下降

合作开发技术合同成交额占技术开发合同总成交额比重呈现波动式上升态势。2012年和2013年，合作开发技术合同成交额占技术开发合同总成交额比重维持在6.5%左右，2014—2016年保持在10%左右，2017—2021年进一步提升到15%左右，2021年为14.7%（图3–9）。

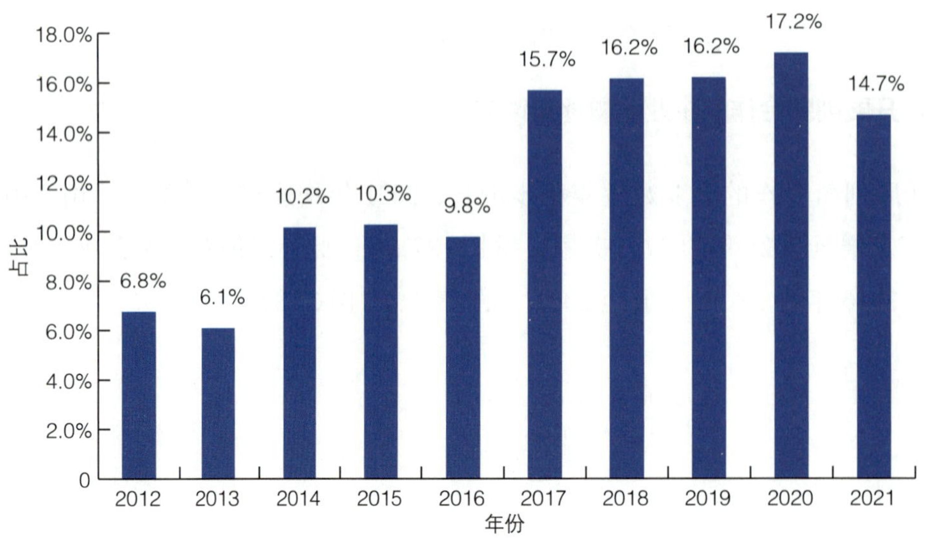

图3–9　合作开发技术合同成交额占技术开发合同总成交额比重（2012—2021年）

3. 企业获取外部技术的能力呈现出一定的波动趋势

企业购买境内技术与技术改造经费支出之和与企业营业收入的比值呈周期性波动。2012—2016 年，购买境内技术与技术改造经费支出之和与企业营业收入的比值持续下降至最低值 0.28%，2017 年开始逐步上升，达到 0.40%，2021 年有所回落，为 0.33%。从企业获取与改造境外技术经费支出来看，中国企业引进技术和消化吸收经费支出之和与企业营业收入的比值呈波动趋势。2012—2015 年，引进技术和消化吸收经费支出之和与企业营业收入的比值呈下降趋势，2016 年有所上升，2017—2021 年该比值出现小幅波动，2021 年引进技术和消化吸收经费支出之和与企业营业收入的比值为 0.045%（图 3–10）。

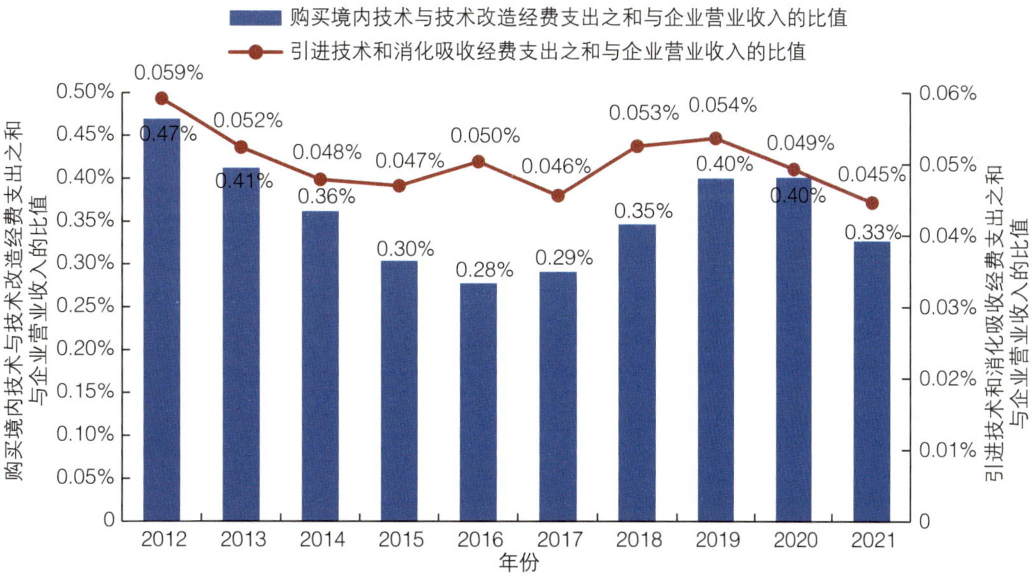

图3–10　企业创新资源整合情况（2012—2021年）

4. 企业享受研发费用加计扣除减免税的力度持续加大

2012—2021 年，企业 R&D 经费内部支出中政府资金量呈上升趋势，2012 年为 363.1 亿元，2021 年增长到 519.5 亿元。2012 年企业研发费用加计扣除减免税为 252.4 亿元，2021 年增长至 1743.7 亿元，增长了近 6 倍，特别是 2018—2021 年增幅较往年更加明显（图 3–11）。这表明，一方面，中国政府为激励企业创新，在资金投入及减税方面不断加大力度；另一方面，企业运用创新政策支持的能力不断增强。

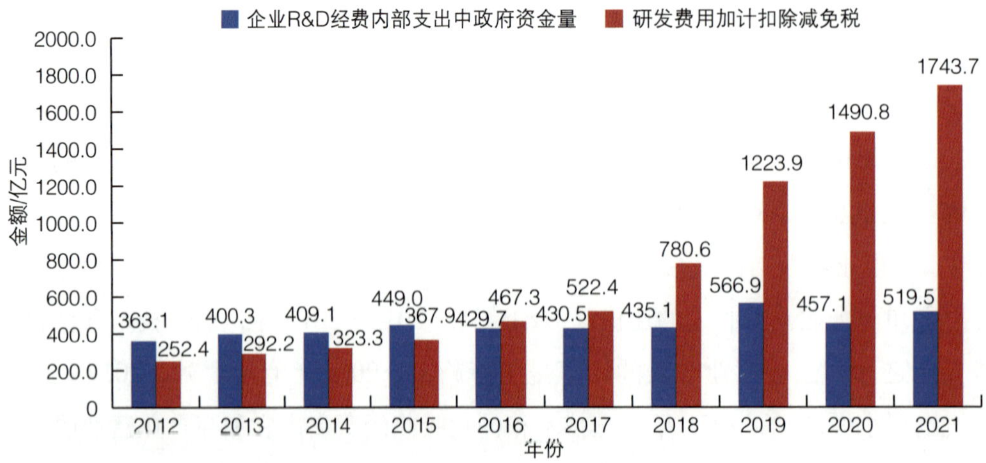

图3-11　企业创新政策利用情况（2012—2021年）

（三）知识产权能力

中国企业知识产权运用指数在2012—2021年提升迅速，2021年较2012年提升了399.8%。知识产权创造指数亦有一定程度的提升，2021年较2012年增长了32.9%。相比之下，企业知识产权保护指数增长不明显，2021年知识产权保护指数为2012年的76.1%（图3-12）。

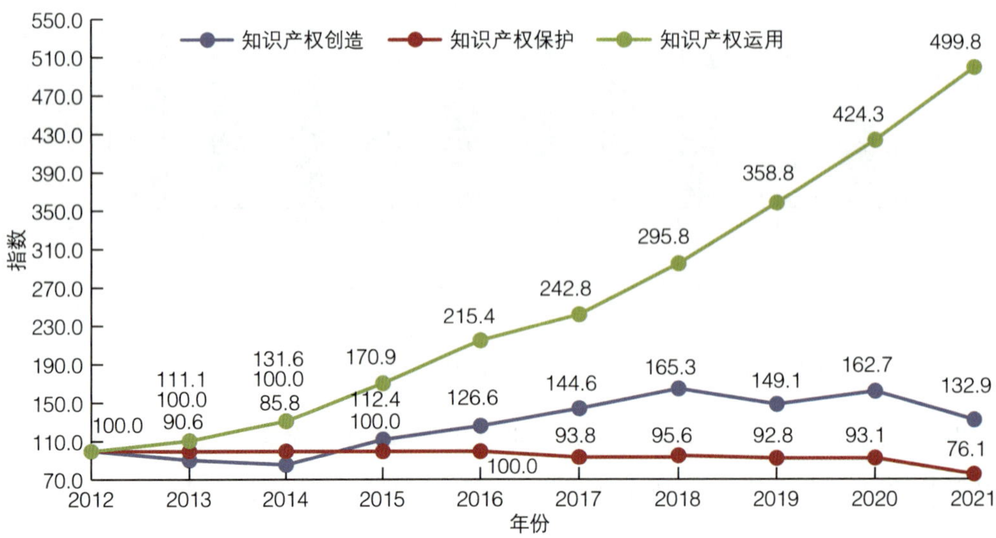

图3-12　企业知识产权能力分指数（2012—2021年）

1. 万名企业就业人员有效发明专利量逐年增长

2021 年，万名企业就业人员有效发明专利量达到了 212.8 件，相较于 2012 年增长了 633.8%。2012—2021 年，万名企业就业人员有效发明专利量呈稳步增长趋势，年均增长率达 25%（图 3–13）。

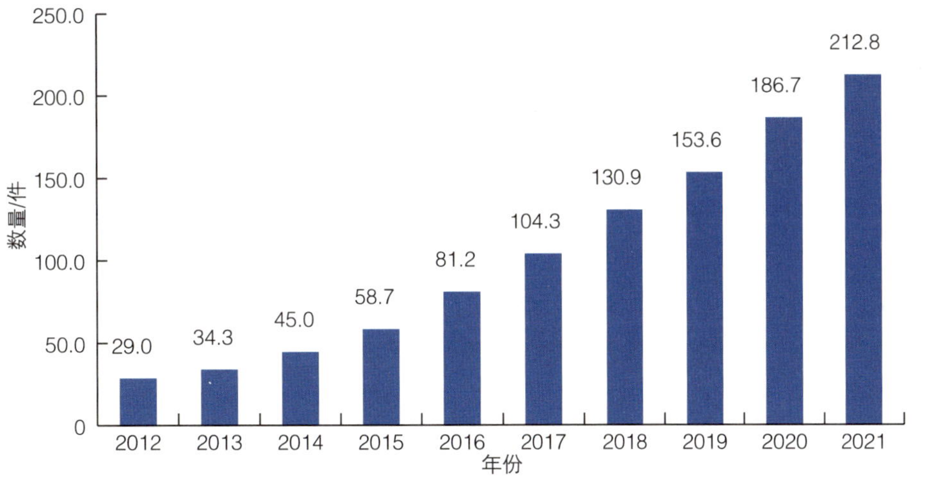

图3–13　万名企业就业人员有效发明专利量（2012—2021年）

2. 技术市场活跃程度持续提升

技术转让合同成交额反映了创新主体技术成果的转化状况。2012 年，中国技术转让合同成交额为 1020.8 亿元，2013—2016 年逐步增长，2016 年达到 1536.2 亿元，2017 年有所下降，2018—2020 年逐步回升，2021 年技术转让合同成交额进一步增长，达 2706.5 亿元，较 2012 年增长 165.1%（图 3–14）。

3. 研发投入的专利产出效率相对稳定

2012—2014 年，中国企业每亿元 R&D 经费投入的发明专利授权量基本保持在 10 件左右。2015 年产出水平出现了明显增长，为 15.8 件，2021 年进一步增长至 21.2 件。同时，企业每 10 亿元 R&D 经费投入的马德里商标申请数呈增长态势，由 2012 年的 3.0 件上升至 2021 年的 3.2 件（图 3–15）。

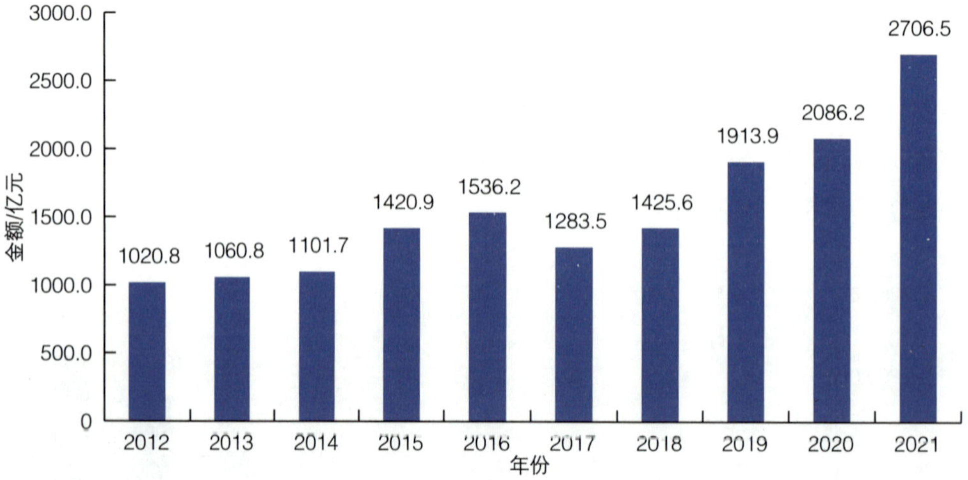

图3-14　技术转让合同成交额（2012—2021年）

图3-15　企业知识产权创造情况（2012—2021年）

4. 半数企业采取知识产权保护措施

2016—2021 年，采取知识产权保护或相关措施的企业占全部企业的比重基本保持在 50% 左右，2021 年为 49.9%。2016—2021 年，认为知识产权保护政策有效的企业占比均超过 30%（图 3–16）。

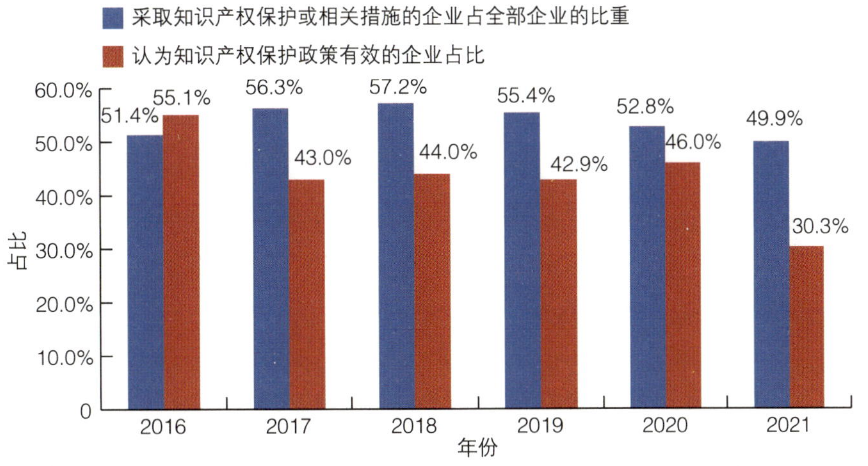

图3-16　企业创新政策利用情况（2016—2021年）

（四）创新驱动能力

企业的创新驱动能力在很大程度上表现为创新成果的价值实现能力。创新价值实现指数在2012—2016年增长速度相对缓慢，2017年出现明显上升，较2012年增长了182.7%，2021年较2012年增长了475.7%。2012—2014年，市场影响力指数有小幅波动，2015年后加速上升，2019年比2012年增长了249.2%，自2020年起增速有所放缓，2021年较2012年增长了234.4%。经济社会发展指数增长稳定，2021年较2012年增长了58.3%（图3-17）。

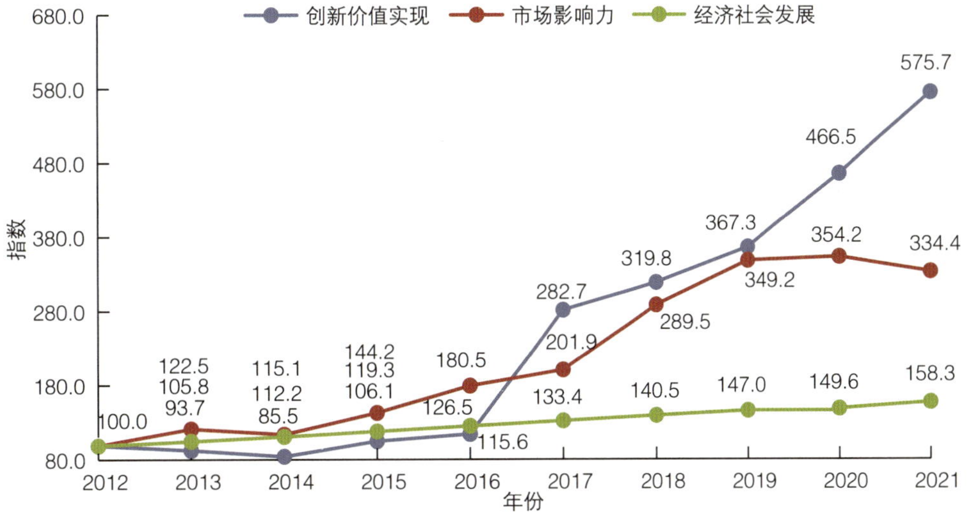

图3-17　企业创新驱动能力分指数（2012—2021年）

1. 知识产权使用费国际收入持续增长

企业新产品销售收入占营业收入比重在2012—2021年平缓上升，从2012年的11.9%提升到2021年的22.5%，增长近1倍。知识产权使用费国际收入在2012—2016年有小幅波动，由2012年的10.4亿美元增长到2016年的10.9亿美元，2017年快速增长至44.2亿美元，2018—2021年维持增长态势，2021年达100.5亿美元，较2012年增长866.3%（图3–18）。

图3–18　企业创新价值实现情况（2012—2021年）

2. 基于知识产权的国际市场影响力不断增强

近几年，中国作为国际知识产权创造大国的地位不断巩固。2012—2021年，进入国家阶段的PCT国际专利申请数及马德里商标注册数均呈现不断增长的态势，进入国家阶段的PCT国际专利申请数增长尤为明显。2012年，进入国家阶段的PCT国际专利申请数达到1.7万件，2021年增长至6.3万件，相较2012年增长了263.6%；2012年，马德里商标注册数为1865件，2021年增长至5694件，较2012年增长了205.3%（图3–19）。进入国家阶段的PCT国际专利申请数和马德里商标注册数的平稳增长，表明企业创新成果的国际市场影响力在不断增强。

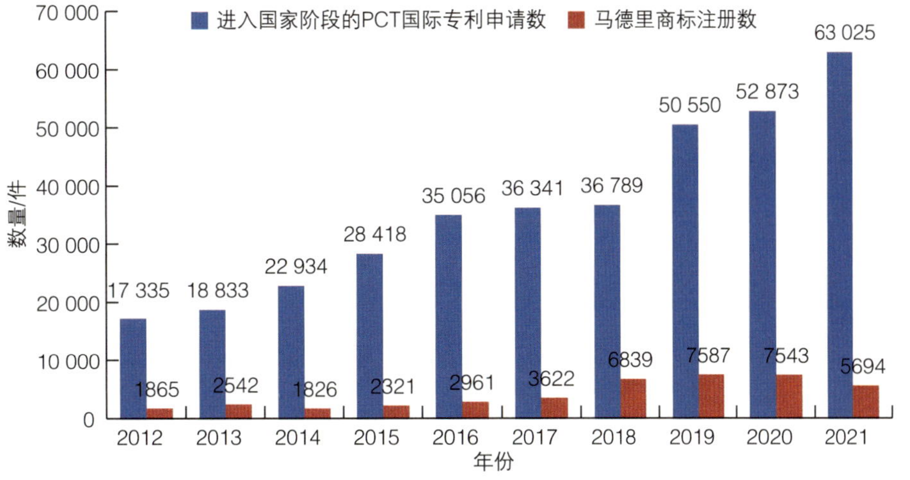

图3-19　PCT国际申请量和马德里商标注册量（2012—2021年）

3. 劳动生产率、综合能耗产出率呈持续增长态势

中国劳动生产率在2012—2021年呈持续增长态势。2012年的劳动生产率为7.1万元／人，2021年提升到12.8万元／人，增长了80.3%；同期，综合能耗产出率也不断增加，从2012年的1.3万元／吨标准煤上升到2021年的1.8万元／吨标准煤，增长了32.5%（图3–20）。这表明，科技创新成果正逐步扩散到经济社会发展各个领域，创新驱动高质量发展的效果正逐步显现。

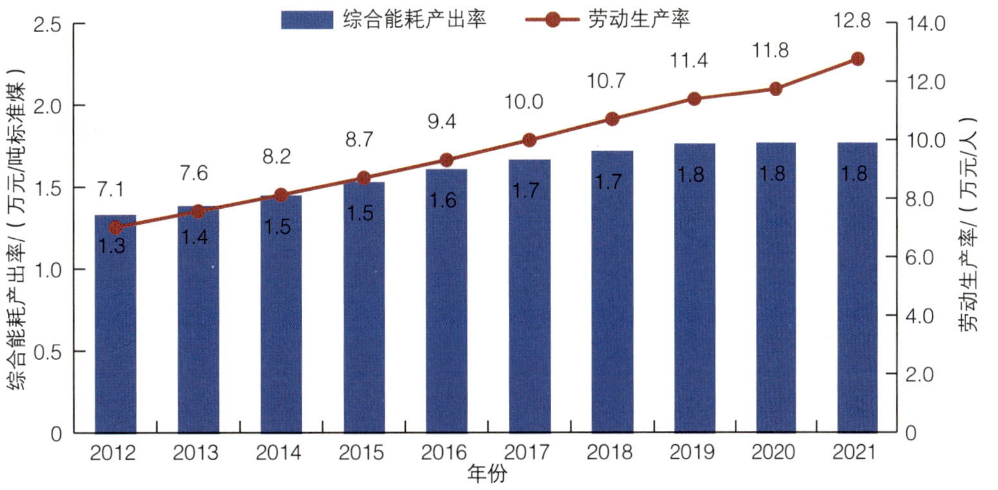

图3-20　中国综合能耗产出率及劳动生产率情况（2012—2021年）

国际篇

第四章

企业创新能力国际比较

在知识经济时代，创新能力是企业国际竞争力的核心。当前，中国企业创新能力有了明显的提高，创新投入规模处于世界领先水平，创新产出已具备较强的国际竞争力，高技术产业出口优势凸显；但中国企业创新能力与世界科技强国相比，仍存在不同程度的差距，企业创新投入强度相对较低，国际专利申请量有待提高，知识产权使用费收入还处于较低水平。另外，中国创新型领军企业规模已超越日本、德国等发达国家，处于全球前列，而与美国相比仍有较大差距。2021 年，678 家中国企业入选全球产业研发投资 2500 强，8 家中国企业入选红鲱鱼全球 100 强；2022 年，4 家中国企业入选科睿唯安全球百强创新机构，17 家中国企业入选自然指数全球企业科研机构 100 强，8 家中国企业入选波士顿咨询公司全球最具创新力企业 50 强；2023 年，9 家中国企业入选普华永道全球市值 100 强上市公司，171 家中国企业入选 CB Insights 全球独角兽企业榜单。

一、主要国家企业创新能力比较

2021 年，美国、中国、日本、德国、韩国、英国、法国位居全球企业研发经费投入前 7 名，七国企业研发经费投入约占全球企业总量的 72.6%。本节将从创新投入、创新产出和创新绩效 3 个方面对这 7 个国家的企业创新能力进行比较分析。

（一）创新投入

1.R&D经费投入

企业 R&D 经费投入从经费投入规模层面反映企业的创新能力。2017—2021 年，全球企业 R&D 经费投入呈现高集中度和国家间差距明显的特征。一方面，中、美两国企业 R&D 经费投入体量较大，占七国 R&D 经费投入总量的 65% 以上，且仅中、美两国企业 R&D 经费投入持续增长。2017 年，中、美两国企业 R&D 经费投入均处于 3000 亿～4000 亿美元；2021 年，美国企业 R&D 经费投入首次突破 5000 亿美元，中国企业 R&D 经费投入为 4319.3 亿美元。2017—2021 年，美国企业 R&D 经费投入年均增长率为 11.2%，中国企业 R&D 经费投入年均增长率为 7.6%。另一方面，不同国家企业 R&D 经费投入差距越发明显，中、美两国企业明显领先于其他国家，且中、美两国企业的 R&D 经费投入差距也逐渐拉大。2017 年，美国企业 R&D 经费投入仅高出中国 360 亿美元；2021 年，中、美两国企业 R&D 经费投入差距达 1153.5 亿美元（图 4–1）。

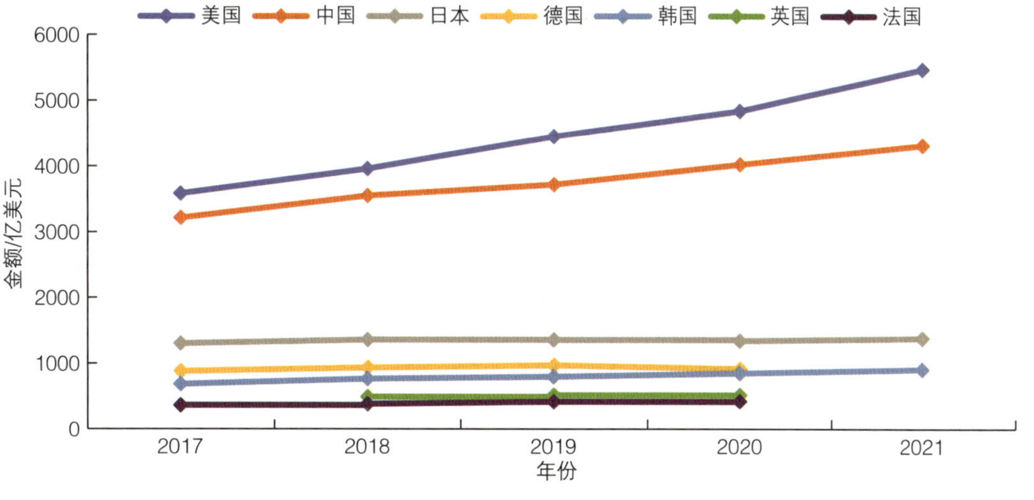

图4–1 企业R&D经费投入（2017—2021年）
（数据来源：OECD，Main Science and Technology Indicators，March 2023）

企业 R&D 经费投入占全社会 R&D 经费投入比重从经费投入角度衡量企业在各类创新主体中的地位与作用。2017—2021 年，中国、日本、韩国处于领先地位，企业 R&D 经费投入占全社会 R&D 经费投入比重位于 75% ～ 80%；美国、德国企业 R&D 经费投入占全社会 R&D 经费投入比重位于 60% ～ 70%；英国、法国企业 R&D 经费投入占全社会 R&D 经费投入比重位于 55% ～ 60%。中国企业 R&D 经费投入占全社会 R&D 经费投入比重明显高于美国、德国、英国、法国，与日本、韩国相近，并且近年有缓慢上升趋势，2021 年仅比日本低 0.1 个百分点（图 4–2）。

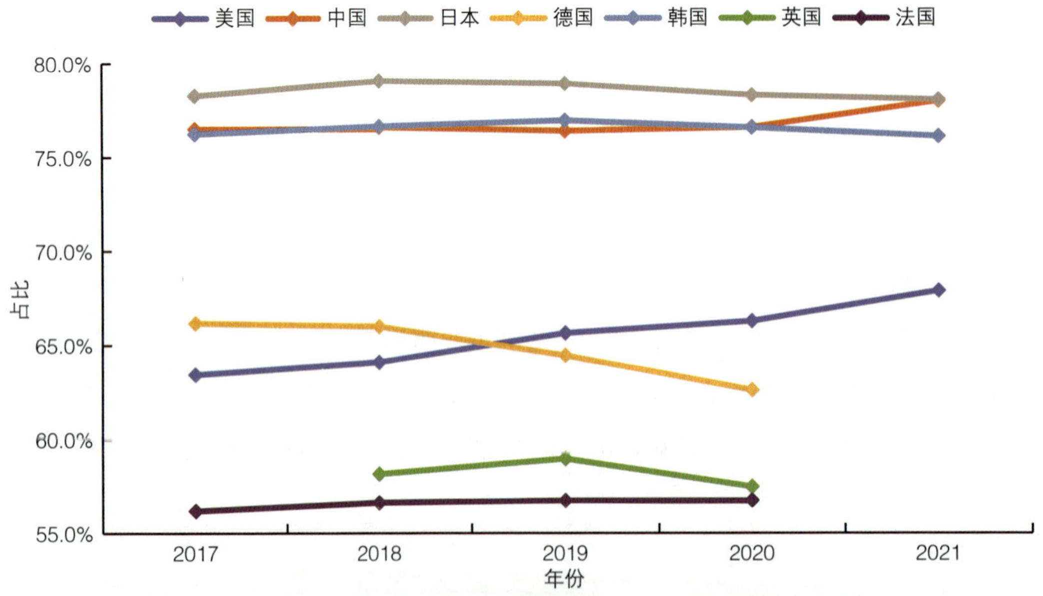

图4-2　企业R&D经费投入占全社会R&D经费投入比重（2017—2021年）
（数据来源：OECD，Main Science and Technology Indicators，March 2023）

2.R&D人员投入

企业 R&D 人员投入反映企业在创新过程中的研发人员投入水平。2017—2021 年，中国企业 R&D 人员投入位居世界第一，远超美国、日本、德国等国家，其中，德国、韩国、英国和法国近年企业 R&D 人员投入仅保持在 50 万人年左右。2017 年，中国企业 R&D 人员投入（312 万人年）是美国企业 R&D 人员投入（147 万人年）的两倍；2020 年，中国企业 R&D 人员投入首次突破 400 万人年，约为美国企业 R&D 人员投入（177 万人年）的 2.5 倍。在企业 R&D 人员投入增长方面，2017—2021 年，中国企业 R&D 人员投入年均增长率为 10.8%，美国企业 R&D 人员投入年均增长率为 6.6%（图 4-3）。

企业 R&D 人员投入占全社会 R&D 人员投入比重从人力资本投入角度衡量企业在各类创新主体中的地位与作用。2017—2021 年，中国、韩国企业 R&D 人员投入占全社会 R&D 人员投入比重处于领先地位，位于 75% ~ 80%；日本企业 R&D 人员投入占全社会 R&D 人员投入比重位于 65% ~ 70%；德国、法国企业 R&D 人员投入占全社会 R&D 人员投入比重位于 60% ~ 65%。中国企业 R&D 人员投入占全社会 R&D

人员投入比重明显高于美国、日本、德国、英国、法国，与韩国相近（图 4–4）。

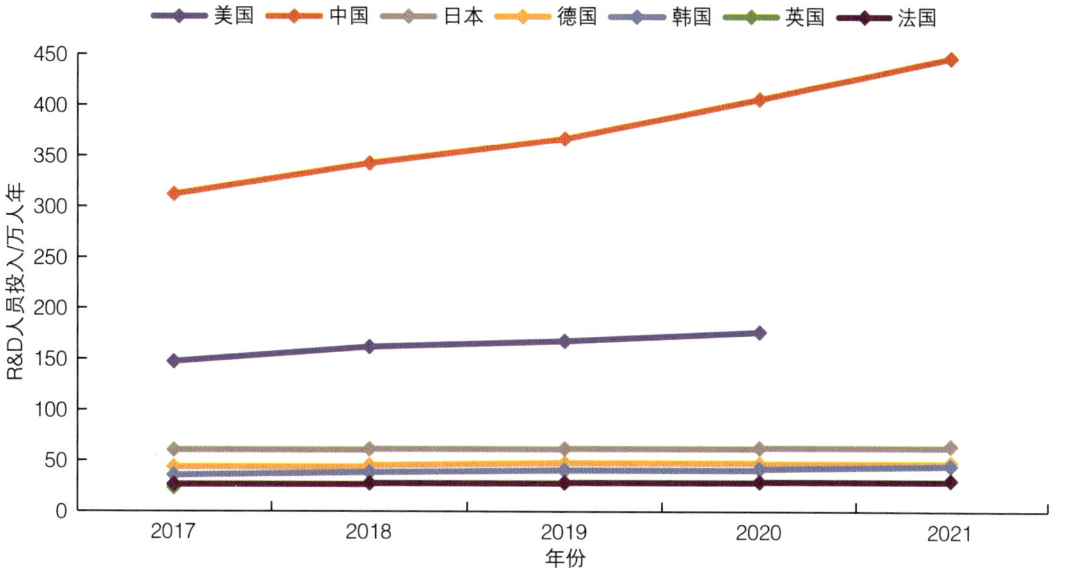

图4–3　企业R&D人员投入（2017—2021年）

（数据来源：OECD，Main Science and Technology Indicators，March 2023）

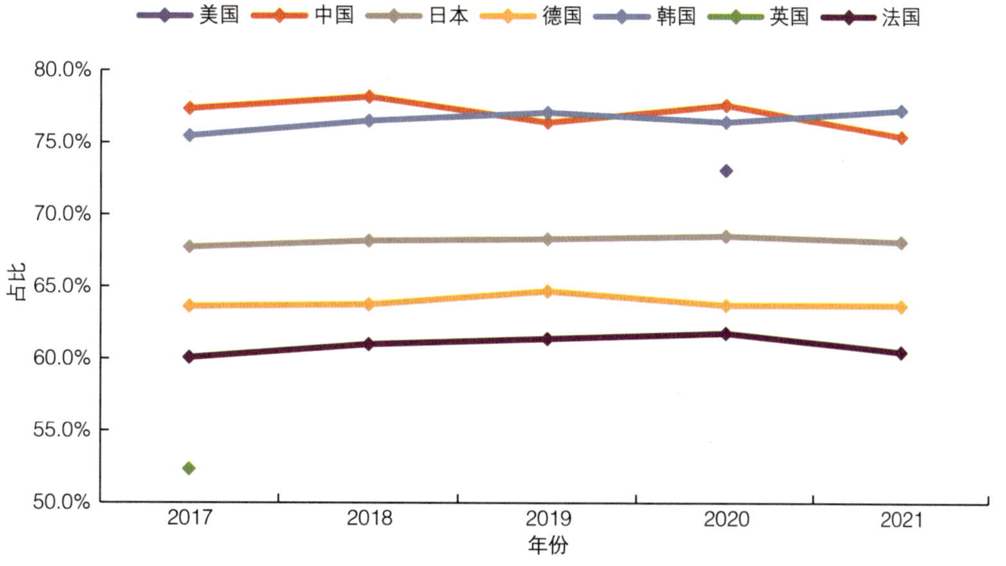

图4–4　企业R&D人员投入占全社会R&D人员投入比重（2017—2021年）

（数据来源：OECD，Main Science and Technology Indicators，March 2023）

3.研发经费投入强度

企业研发经费投入强度用企业研发经费占增加值的比值进行衡量，反映企业创新投入意愿及能力。2017—2021 年，韩国企业研发经费投入强度处于领先地位且呈持续增长趋势，从 2017 年的 4.9% 提高到 2021 年的 5.8%；英国、德国、日本、美国企业研发经费投入强度大体位于 3.0% ~ 4.5%；法国企业研发经费投入强度保持在 2.5% 左右；中国企业研发经费投入强度低于美国、日本、德国、英国、法国等国家，从 2017 年的 2.0% 提高到 2021 年的 2.5%。整体上，中国企业研发经费投入强度与处于领先地位的韩国相比，仍有较大差距，2021 年低于韩国 3.3 个百分点；增速上，中国企业研发经费投入强度年均增长率为 5.2%，低于美国 0.4 个百分点（图 4–5）。

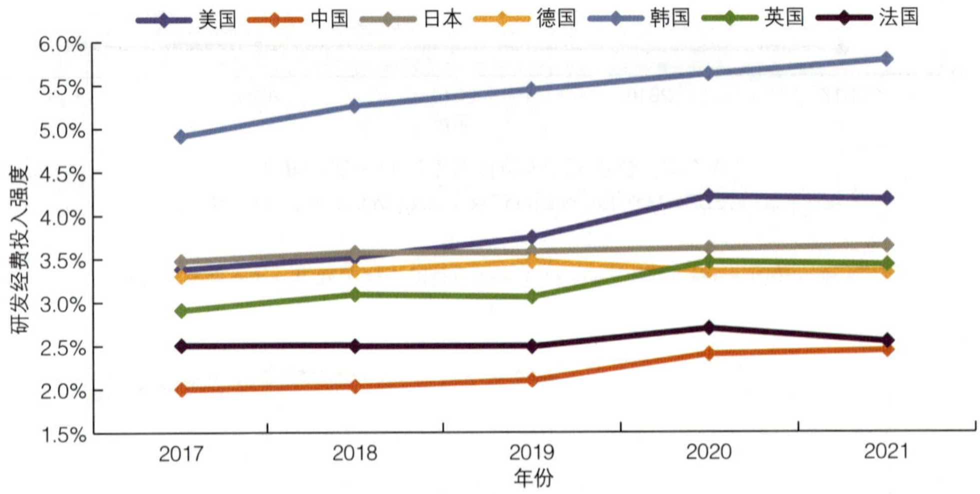

图4–5　企业研发经费投入强度（2017—2021年）

（数据来源：OECD，Main Science and Technology Indicators，March 2023）

（二）创新产出

1.有效发明专利规模

有效发明专利规模衡量各国有效发明专利总量，从专利存量角度反映技术创新水平。2017—2021 年，美国、中国和日本位居世界前三，处于绝对领先位置，韩国、德国、法国和英国依次排第 4 位至第 7 位。2017—2019 年，日本有效发明专利拥有量居世界首位，2020 年美国超过日本跃居世界首位，2021 年中国超过日本，上升至世界第 2 位。中国的有效发明专利增长速度在七国中处于最高水平，从 2017 年的

151.9 万件增长到 2021 年的 308.0 万件，年均增速达到 19.3%。美国在 5 年间的年均增速为 7.4%（图 4–6）。

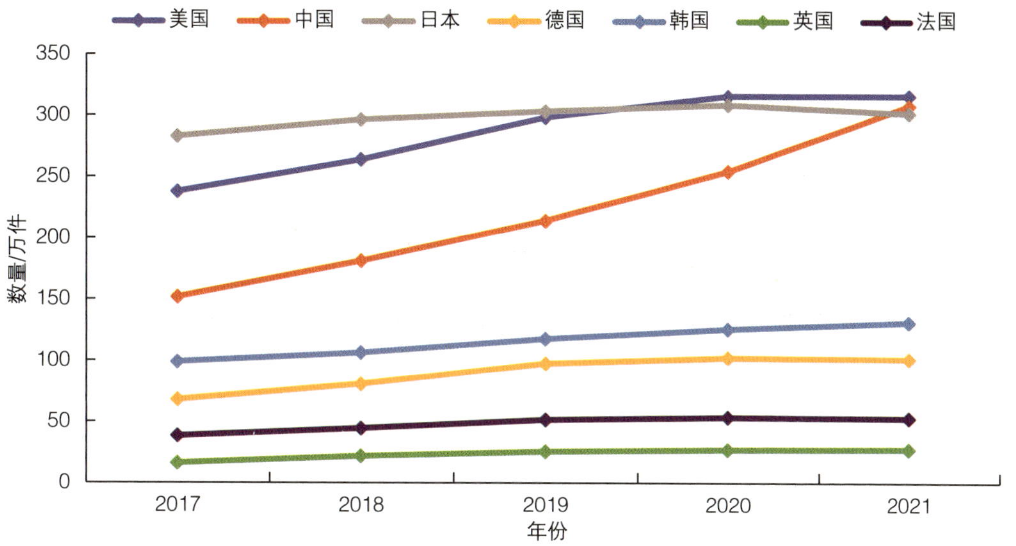

图4–6　有效发明专利规模（2017—2021年）

（*数据来源*：WIPO Statistics Database, July 2023）

2.三方专利申请数量

三方专利申请数量指专利申请人在美国、日本和欧洲专利局均提出专利申请的同一件专利的数量，从高质量专利角度反映企业创新水平。2016—2020 年，日本和美国的三方专利申请数量居前两位，两国三方专利申请数量分别围绕 1.8 万件、1.3 万件波动；中国三方专利申请数量为 3500 ~ 6000 件，相较美国、日本仍有较大差距，略高于韩国、法国、英国。在增速方面，中国三方专利申请数量呈持续上升趋势，年均增长率为 14.3%，增速高于其他国家（图 4–7）。

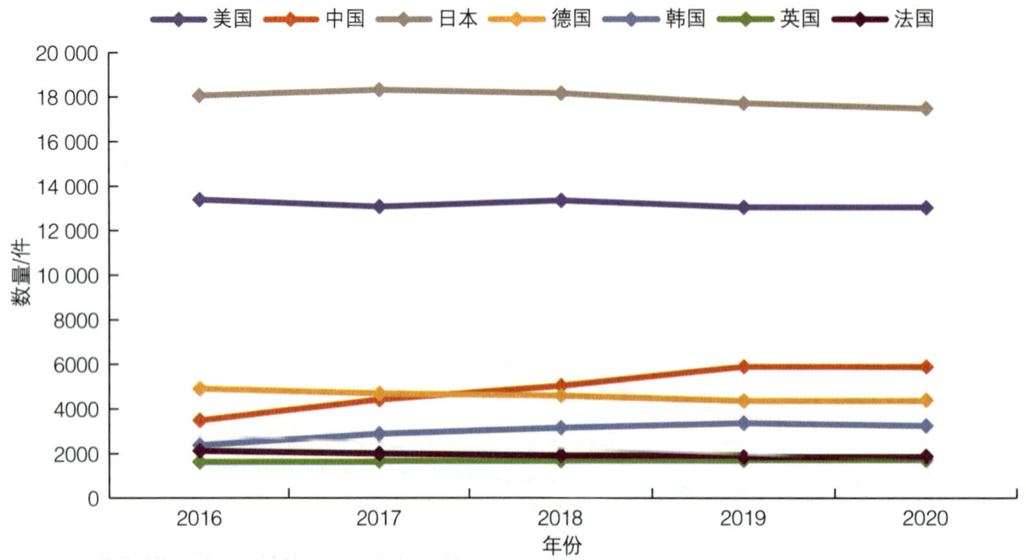

图4-7 三方专利申请数量（2016—2020年）

（数据来源：OECD，Main Science and Technology Indicators，March 2023）

3.进入国家阶段的PCT国际专利申请数

进入国家阶段的 PCT 国际专利申请数衡量各国 PCT 专利申请且进入国家实质性审查阶段的专利总量，从国际专利申请角度反映企业技术创新水平。2017—2021 年，中国进入国家阶段的 PCT 国际专利申请数相较美国、日本有较大提升空间，略低于德国，略高于英国、法国、韩国。美国进入国家阶段的 PCT 国际专利申请数保持在 20 万件左右，2021 年为 21.1 万件，是中国申请数（6.3 万件）的 3.3 倍。日本进入国家阶段的 PCT 国际专利申请数保持在 13.5 万件左右，2021 年为 13.7 万件，是中国申请数的 2.2 倍。德国进入国家阶段的 PCT 国际专利申请数保持在 7 万件左右，略高于中国。在增速方面，中国进入国家阶段的 PCT 国际专利申请数保持稳定增长，年均增长率为 15.6%，高于其他国家（图 4–8）。

4.马德里商标申请数量

马德里商标申请数量衡量各国马德里商标申请总量，从品牌影响力层面反映企业创新水平。2018—2022 年，美国马德里商标申请数量处于领先地位；德国马德里商标申请数量除 2020 年略低于中国外，其余年份均高于中国；日本、韩国、英国、法国马德里商标申请数量变动幅度较小，均低于中国。在增速方面，中国马德里商标申请数量总体呈下降趋势；而其他国家呈增长趋势，其中韩国、美国的年均增长率居前两位，分别为 12.3% 和 9.0%（图 4–9）。

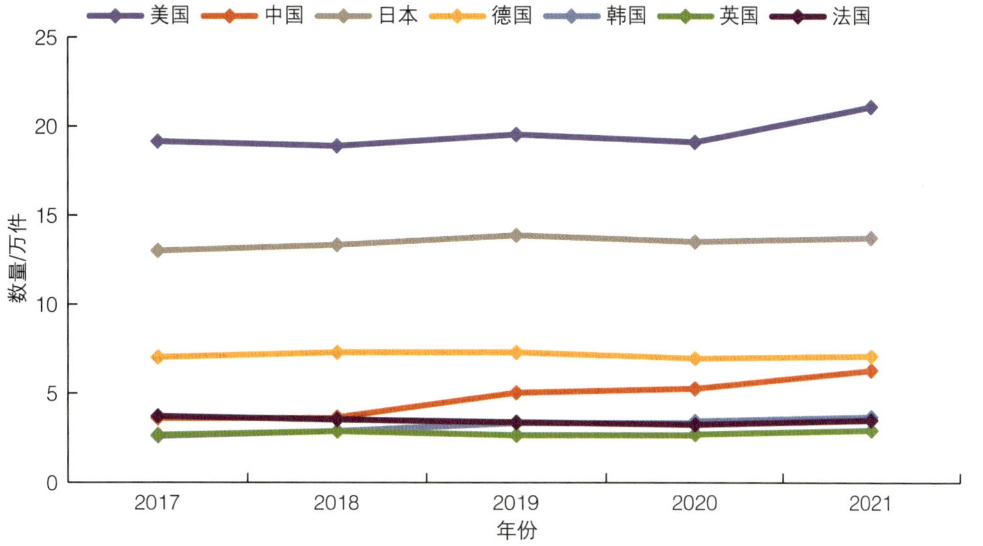

图4–8 进入国家阶段的PCT国际专利申请数（2017—2021年）

（数据来源：WIPO Statistics Database，July 2023）

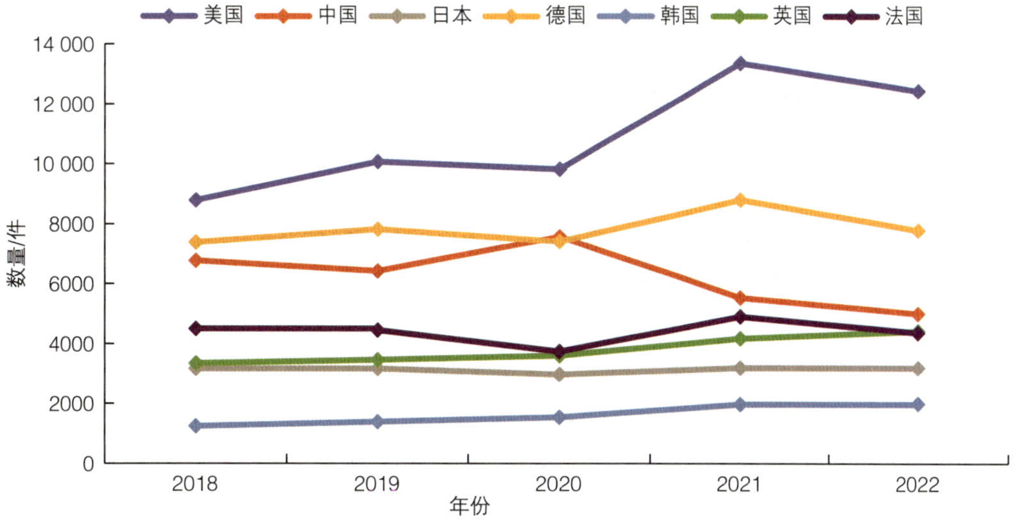

图4–9 马德里商标申请数量（2018—2022年）

（数据来源：WIPO Statistics Database，July 2023）

（三）创新绩效

1.高技术产业出口额

高技术产业出口额衡量各国高技术产业出口产品的货值总额，从出口创汇层面衡量高技术产业市场竞争力。2017—2021 年，中国高技术产业出口额明显高于其他国家。2021 年，中国高技术产业出口额达 9423.2 亿美元。美国、日本、德国等国家高技术产业出口额相对稳定，除德国略高于 2000 亿美元外，其他国家均低于 2000 亿美元。在增速方面，中国高技术产业出口额增长趋势明显高于其他国家，年平均增长率为 8.8%（图 4–10）。

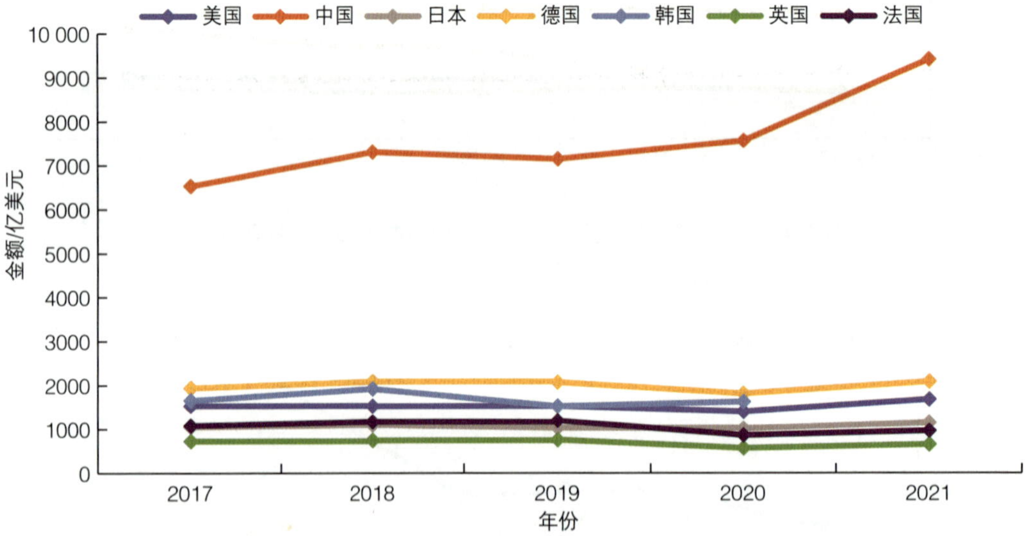

图4–10 高技术产业出口额（2017—2021年）
（数据来源：World Bank，World Development Indicators）

高技术产业出口额占制造业出口比重主要从出口产品层面衡量各国高技术产业在制造业中的地位，反映制造业的高质量发展水平。2017—2021 年，韩国高技术产业出口额占制造业出口比重处于领先地位，在 35% 左右波动；中国高技术产业出口额占制造业出口比重位居第二，保持在 30% 左右；英国、美国、日本、德国高技术产业出口额占制造业出口比重均在 25% 以下；法国高技术产业出口额占制造业出口比重在 2019—2021 年有较明显的下降趋势（图 4–11）。

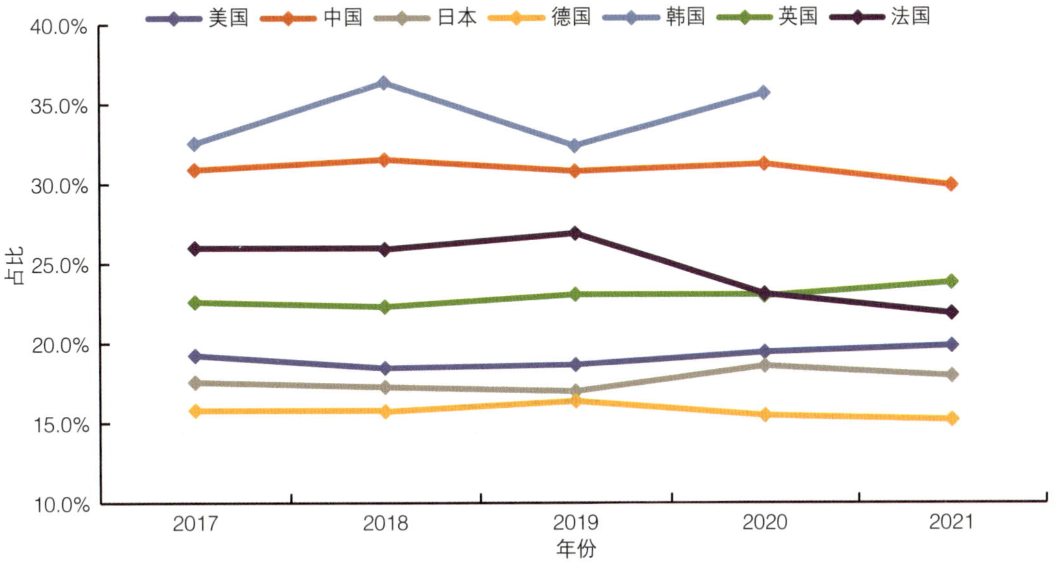

图4-11　高技术产业出口额占制造业出口比重（2017—2021年）

（数据来源：World Bank，World Development Indicators）

2.知识产权使用费收入

知识产权使用费收入指一国的个人或组织通过许可或授权他国使用其拥有的知识产权而获得的收入，反映一国运用知识产权盈利的能力。2018—2022 年，美国知识产权使用费收入处于领先地位，保持在 1200 亿美元左右，明显高于其他国家；英国、日本、德国知识产权使用费收入均高于 200 亿美元；中国知识产权使用费收入在七国中处于较低水平，落后日本和德国较多，与英国和法国接近。2021 年中国知识产权使用费收入为 133 亿美元。在增速方面，中国知识产权使用费收入呈增长趋势，年均增长率为 24.7%（图 4-12）。

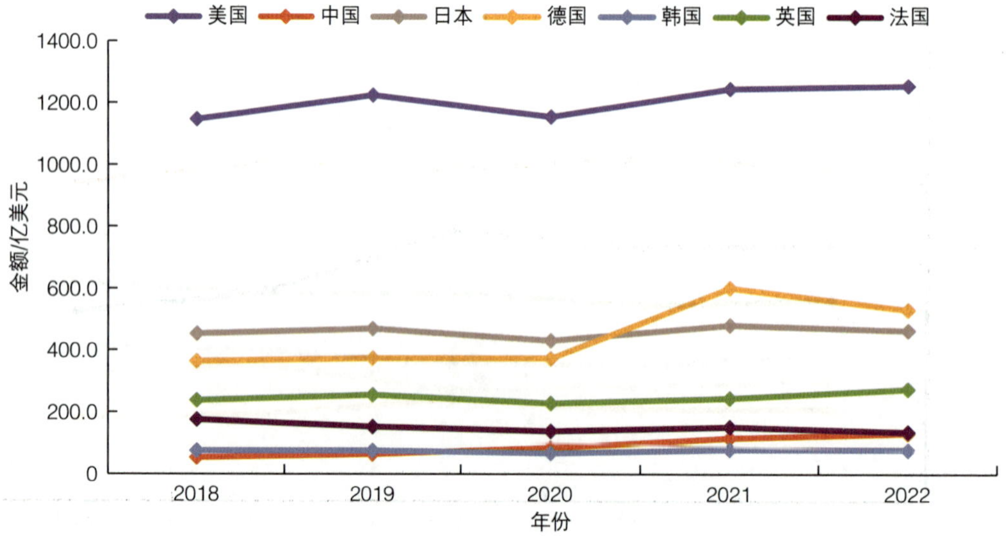

图4-12 知识产权使用费收入（2018—2022年）
（数据来源：World Bank，World Development Indicators）

二、创新型领军企业

创新型领军企业是开展前沿创新活动的重要主体，是构建创新链和产业集群的核心推动力。国际上一些权威评价报告，如欧盟产业研发投资记分牌（The EU Industrial R&D Investment Scoreboard）、科睿唯安（Clarivate）全球百强创新机构、自然指数（Nature Index）全球企业科研机构 100 强、普华永道（PwC）全球市值 100 强上市公司、CB Insights 全球独角兽企业榜单、波士顿咨询公司全球最具创新力企业 50 强、红鲱鱼（Red Herring）全球 100 强，基于不同的评价标准和评价方法遴选各国创新能力和竞争力强的企业。欧盟产业研发投资记分牌侧重比较各国企业创新投入水平；科睿唯安全球百强创新机构从专利质量视角比较各国企业创新产出；自然指数全球企业科研机构 100 强基于顶级期刊发文数量构建全球创新产出 100 强企业榜单；普华永道全球市值 100 强上市公司从创新绩效维度比较各国企业创新能力；CB Insights 全球独角兽企业榜单主要测度各国初创企业的创新能力；波士顿咨询公司全球最具创新力企业 50 强、红鲱鱼全球 100 强从综合表现维度比较各国企业创新能力。

（一）创新投入

欧盟产业研发投资记分牌基于欧盟和全球其他地区企业每年的财务报表数据，通过研发投入、研发投入年增长率、销售净额、销售净额年增长率、研发投入强度、资本投入、资本投入年增长率、资本投入强度、运营利润、运营利润年增长率、盈利能力、员工人数、员工人数年增长率、市值、市值年增长率等指标对企业研发活动进行综合评价，遴选出全球产业研发投资 2500 强。

2021 年，全球产业研发投资 2500 强企业来自 41 个国家／地区。其中，美国以 822 家企业位居榜首，占比为 32.9%；中国大陆居第 2 位，共有 678 家企业上榜，占比为 27.1%；日本共有 233 家企业上榜，占比为 9.3%，居第 3 位；欧盟共有 361 家企业上榜，其中，德国 144 家，法国 57 家（表 4–1）。2019—2021 年，中国大陆入围全球产业研发投资 2500 强的企业数量逐年增长，分别入围 536 家、597 家和 678 家，与美国的差距不断缩小。

表4–1　全球产业研发投资2500强企业的国家／地区分布（2021年）

国家／地区	入围企业数／家	国家／地区	入围企业数／家
美国	822	意大利	20
中国大陆	678	奥地利	13
日本	233	比利时	12
德国	114	芬兰	12
英国	95	西班牙	12
中国台湾	84	澳大利亚	10
法国	57	挪威	9
瑞士	55	新加坡	7
韩国	53	巴西	4
荷兰	38	卢森堡	3
加拿大	28	葡萄牙	2
瑞典	26	匈牙利	1
丹麦	25	马耳他	1
印度	24	沙特阿拉伯	1
爱尔兰	24	斯洛文尼亚	1
以色列	22	其他 10 个国家	14

数据来源：The EU Industrial R&D Investment Scoreboard 2022。

从入围企业的技术领域分布看，生物技术与卫生保健入围企业最多，共 567 家，占比为 22.7%，其后分别为科技硬件与设备（456 家，占比为 18.2%）、软件与计算机服务业（365 家，占比为 14.6%）、工业工程（260 家，占比为 10.4%）、汽车行业（179 家，占比为 7.2%）；占比低于 5.0% 的技术领域有化学制品（4.6%）、能源（3.2%）、建筑（2.6%）、金融（2.4%）、航空航天与国防（1.8%）。中国大陆入围企业分布最多的技术领域为科技硬件与设备（153 家，占比为 22.6%），其后为工业工程（99 家，占比为 14.6%）、生物技术与卫生保健（92 家，占比为 13.6%）、软件与计算机服务业（83 家，占比为 12.2%）；占比低于 10% 的技术领域有汽车行业（54 家，占比为 8.0%）、建筑（35 家，占比为 5.2%）、化学制品（33 家，占比为 4.9%）、能源（20 家，占比为 2.9%）、金融（12 家，占比为 1.8%）和航空航天与国防（5 家，占比为 0.7%）（表 4–2）。

2019—2021 年，中国大陆入围企业主要分布在科技硬件与设备、生物技术与卫生保健、工业工程等领域，入围企业数量增长较明显的领域为生物技术与卫生保健、科技硬件与设备、汽车行业等领域。在总量方面，科技硬件与设备、生物技术与卫生保健、工业工程、软件与计算机服务业、汽车行业领域连续 3 年成为中国大陆入围企业分布最多的前五大技术领域。在增速方面，中国大陆生物技术与卫生保健领域入围企业数量逐年增加，由 2019 年的 54 家增加到 2021 年的 92 家，年均增长率为 30.5%；科技硬件与设备领域入围企业数量逐年增加，由 2019 年的 125 家增加到 2021 年的 153 家，年均增长率为 10.6%；汽车行业入围企业数量呈增长趋势，由 2019 年的 36 家增加到 2021 年的 54 家，年均增长率为 22.5%。

表4–2　全球产业研发投资2500强企业的技术领域分布（2021年）

技术领域	全球入围企业数 / 家	中国大陆入围企业数 / 家
生物技术与卫生保健	567	92
科技硬件与设备	456	153
软件与计算机服务业	365	83
工业工程	260	99
汽车行业	179	54
化学制品	115	33

续表

技术领域	全球入围企业数 / 家	中国大陆入围企业数 / 家
能源	80	20
建筑	65	35
金融	61	12
航空航天与国防	44	5
其他	308	92

数据来源：The EU Industrial R&D Investment Scoreboard 2022。

（二）创新产出

科睿唯安通过对创新机构专利数据进行深度分析，遴选出全球百强创新机构。入围科睿唯安全球百强创新机构需要满足专利量多和质高两个条件。首先，只有在最近5年中拥有至少100件基础专利的机构才被纳入遴选范围；其次，反映专利质量的指标构成重要的遴选标准，包括专利授权率、全球化水平和影响力。

2022年，日本有38家机构入围，美国有19家机构入围，居前2位；中国台湾有11家机构入围，居第3位；德国和法国均有7家机构入围，并列第4位；韩国有5家机构入围；中国大陆有4家机构入围，分别为华为技术有限公司、京东方科技集团股份有限公司、瑞声科技控股有限公司和蚂蚁集团（表4–3）。2020—2022年，中国大陆企业入围科睿唯安全球百强创新机构的数量保持稳定，分别为4家、5家和4家。

表4–3　科睿唯安全球百强创新机构的国家/地区分布（2022年）

国家 / 地区	入围机构数 / 家	国家 / 地区	入围机构数 / 家
日本	38	中国大陆	4
美国	19	荷兰	3
中国台湾	11	瑞士	3
德国	7	英国	1
法国	7	沙特阿拉伯	1
韩国	5	瑞典	1

数据来源：Clarivate Top 100 Global Innovators 2023。

从入围机构的技术领域分布看，2022 年电子和计算机设备领域入围机构最多，共有 26 家；化学制品和材料、半导体领域均有 11 家机构入围；汽车领域共有 10 家机构入围；其余技术领域入围机构数量均少于 10 家，分别为工业系统（8 家），工业集团（8 家），航空和国防（6 家），能源和电气（5 家），消费品和食品（4 家），政府和学术机构（3 家），电信（3 家），制药（2 家），软件、媒体、金融科技（2 家），医疗和生物技术（1 家）（表 4–4）。

中国大陆入围机构的技术领域分布表现出明显的聚集特征。2020—2022 年，中国大陆入围机构主要集中在电子和计算机设备，电信，软件、媒体、金融科技领域。2020 年，中国大陆入围机构分布在电信（2 家），软件、媒体、金融科技（1 家），政府和学术机构（1 家）；2021 年，中国大陆入围机构分布在电子和计算机设备（2 家），电信（1 家），软件、媒体、金融科技（2 家）；2022 年，中国大陆入围机构分布在电子和计算机设备（2 家），电信（1 家），软件、媒体、金融科技（1 家）。

表4–4　科睿唯安全球百强创新机构的技术领域分布（2022年）

技术领域	全球入围机构数 / 家	中国大陆入围机构数 / 家
电子和计算机设备	26	2
化学制品和材料	11	0
半导体	11	0
汽车	10	0
工业系统	8	0
工业集团	8	0
航空和国防	6	0
能源和电气	5	0
消费品和食品	4	0
政府和学术机构	3	0
电信	3	1
制药	2	0
软件、媒体、金融科技	2	1
医疗和生物技术	1	0

数据来源：Clarivate Top 100 Global Innovators 2023。

自然指数数据库主要基于在顶级期刊发表的论文数量，对高校、政府科研机构、企业研究机构、非营利机构的创新水平进行评估，并发布年度科研机构 500 强、政府科研机构 100 强、企业科研机构 100 强和大学科研机构 500 强榜单。

2022 年，自然指数全球企业科研机构 100 强中，美国共有 36 家机构上榜，入围机构数位居第一。中国大陆共有 17 家机构上榜，入围机构数位居第二。其中，排前 5 位的机构分别为中国船舶重工集团有限公司(第 12 位)、深圳华大基因股份有限公司(第 18 位）、烽火通信科技股份有限公司（第 20 位）、中国航天科技集团有限公司（第 22 位）、上海期智研究院（第 37 位）。日本共有 12 家机构上榜，入围机构数位居第三（表 4–5）。

2020—2022 年，中国大陆入围自然指数全球企业科研机构 100 强的机构数量总体保持稳定。2020 年，中国大陆共有 14 家机构入围，2022 年增加至 17 家。

表4–5 自然指数全球企业科研机构100强的国家/地区分布（2022年）

国家 / 地区	入围机构数 / 家	国家 / 地区	入围机构数 / 家
美国	36	沙特阿拉伯	1
中国大陆	17	丹麦	1
日本	12	中国台湾	1
德国	8	比利时	1
瑞士	4	韩国	1
英国	3	西班牙	1
新西兰	3	芬兰	1
法国	3	匈牙利	1
荷兰	2	意大利	1
挪威	1	乌克兰	1
瑞典	1		

数据来源：Nature Index。

（三）创新绩效

普华永道基于营业收入、利润、资产规模、市值、员工规模、研发投入、专利申请数、研发人员数、全球化程度等指标，每年对全球范围内企业进行评价，遴选出全球市值 100 强上市公司。

2023 年，美国（64 家）、中国大陆（9 家）和英国（5 家）的入围企业数位居前三；其后为法国（4 家）、瑞士（3 家）和德国（3 家）；中国台湾、中国香港、日本、加拿大等 12 个国家 / 地区各有 1 家企业入围（表 4–6）。2021 年和 2022 年，中国大陆各有 11 家和 13 家企业入围；2023 年，中国大陆有 9 家企业入围。

表4–6　普华永道全球市值100强上市公司的国家/地区分布（2023年）

国家 / 地区	入围企业数 / 家	国家 / 地区	入围企业数 / 家
美国	64	韩国	1
中国大陆	9	荷兰	1
英国	5	日本	1
法国	4	爱尔兰	1
瑞士	3	印度	1
德国	3	澳大利亚	1
中国台湾	1	加拿大	1
沙特阿拉伯	1	比利时	1
丹麦	1	中国香港	1

数据来源：普华永道，Global Top 100 Companies 2023。

从入围企业的技术领域分布看，2023 年，科技（18 家）、健康医疗（16 家）和金融（17 家）领域入围企业数分列前三位；非必需消费品、通信服务和必需消费品领域各有 10 家企业入围；其后为工业（9 家）、能源（7 家）、材料（2 家）和公用事业（1 家）（表 4–7）。

2021—2023 年，中国大陆入围企业主要集中在金融、科技和消费领域。2021 年，中国大陆入围企业分布在金融（6 家）、科技（2 家）、必需消费品（2 家）、非必需消费品（1 家）；2022 年，中国大陆入围企业分布在金融（6 家）、非必需消费品（2 家）、科技（1 家）、必需消费品（1 家）；2023 年，中国大陆企业在金融领域入围 6 家，占中国大陆总入围企业数的 66.7%，在非必需消费品、通信服务和工业领域分别入围 1 家。

表4-7 普华永道全球市值100强上市公司的技术领域分布（2023年）

技术领域	全球入围企业数 / 家	中国大陆入围企业数 / 家
科技	18	0
健康医疗	16	0
金融	17	6
非必需消费品	10	1
通信服务	10	1
必需消费品	10	0
工业	9	1
能源	7	0
材料	2	0
公用事业	1	0

数据来源：Global Top 100 Companies 2023。

独角兽企业是指公司估值超过 10 亿美元的私有 / 初创企业，其典型特征为利用新技术、新应用构建新的商业模式，引领行业发展趋势。各国独角兽企业的发展状况代表着初创企业创新能力的积累和价值实现水平，也反映出不同国家新兴企业的创新潜力。CB Insights 主要基于市值、融资历史、增长速度、商业模式、影响力和市场份额等指标对各国独角兽企业进行评价。

CB Insights 评价结果显示，截至 2023 年 6 月，全球估值在 10 亿美元以上的独角兽企业总数超过 1200 家。独角兽企业数量排名前 5 的国家 / 地区依次为美国（656 家）、中国大陆（171 家）、印度（70 家）、英国（52 家）和德国（29 家）（表 4-8）。其中，美国和中国大陆的独角兽企业数量超过总量的 2/3。

表4-8 CB Insights全球独角兽企业榜单的国家/地区分布（2023年）

国家 / 地区	独角兽企业数 / 家	国家 / 地区	独角兽企业数 / 家
美国	656	哥伦比亚	3
中国大陆	171	土耳其	3
印度	70	阿联酋	3
英国	52	奥地利	2
德国	29	智利	2
法国	25	克罗地亚	2
以色列	24	丹麦	2
加拿大	21	爱沙尼亚	2
巴西	16	立陶宛	2
韩国	14	塞舌尔	2
新加坡	14	越南	2
澳大利亚	8	南非	2
墨西哥	8	意大利	2
瑞典	7	希腊	2
中国香港	7	阿根廷	1
印度尼西亚	7	菲律宾	1
荷兰	7	百慕大群岛	1
爱尔兰	6	捷克	1
日本	6	厄瓜多尔	1
瑞士	6	卢森堡	1
西班牙	5	马来西亚	1
芬兰	4	尼日利亚	1
挪威	4	塞内加尔	1
比利时	3	埃及	1
泰国	3	列支敦士登	1

数据来源：https://www.cbinsights.com/research-unicorn-companies/。

从入围企业的技术领域分布看，企业科技（367 家）、金融服务（216 家）和消费零售（214 家）领域独角兽企业数量分列前三位；其他技术领域包括工业（186 家）、健康与生命科学（122 家）、媒体与娱乐（82 家）和保险（28 家）。中国大陆独角兽企业分布最多的技术领域为工业（55 家），其后为消费零售（50 家）和企业科技（29 家），健康与生命科学（15 家）、媒体与娱乐（13 家）和金融服务（9 家）领域均有企业入围（表 4–9）。

表4–9　CB Insights全球独角兽企业榜单的技术领域分布（2023年）

技术领域	全球独角兽企业数 / 家	中国大陆独角兽企业数 / 家
企业科技	367	29
金融服务	216	9
消费零售	214	50
工业	186	55
健康与生命科学	122	15
媒体与娱乐	82	13
保险	28	0

数据来源：https://www.cbinsights.com/research-unicorn-companies/。

（四）综合表现

波士顿咨询公司基于对 2500 名全球创新高管的调查，从全球知名度、同行评价、行业创新和价值增长 4 个维度评估企业创新水平。2022 年，在评选出的全球最具创新力的 50 家企业中，美国有 25 家企业入围，优势明显；中国大陆有 8 家企业入围；德国有 5 家企业入围；瑞士、日本和英国分别有 3 家、3 家和 2 家企业入围；法国、印度、沙特阿拉伯和韩国均有 1 家企业入围（表 4–10）。

2020—2022 年，中国大陆企业入围波士顿咨询公司全球最具创新力企业 50 强的数量稳步上升。2020 年，中国大陆共有 5 家企业入围。2021 年，中国大陆共有 7 家企业入围。2022 年，中国大陆入围企业数量升至 8 家，分别为华为技术有限公司（第 8 位）、比亚迪股份有限公司（第 9 位）、小米科技有限责任公司（第 29 位）、中国石油化工股份有限公司（第 32 位）、北京字节跳动科技有限公司（第 36 位）、阿里巴巴（中国）有限公司（第 44 位）、中国石油天然气股份有限公司（第 46 位）和联想集团有限公司（第 48 位）。

表4-10　波士顿咨询公司全球最具创新力企业50强的国家/地区分布（2022年）

国家 / 地区	入围企业数 / 家	国家 / 地区	入围企业数 / 家
美国	25	英国	2
中国大陆	8	法国	1
德国	5	印度	1
瑞士	3	沙特阿拉伯	1
日本	3	韩国	1

数据来源：BCG Global Innovation Survey。

从入围企业的技术领域分布看，2022 年，科技、交通与能源两大领域企业占全部入围企业的 70%；其余入围企业分布在消费品与服务、医疗保健服务和电信电讯等领域。2020—2022 年，中国大陆入围企业主要分布在科技领域。2022 年，中国大陆企业在科技领域入围 5 家，在交通与能源领域入围 3 家（表 4–11）。

表4–11　波士顿咨询公司全球最具创新力企业50强的技术领域分布（2022年）

技术领域	全球入围企业数 / 家	中国大陆入围企业数 / 家
科技	18	5
交通与能源	17	3
消费品与服务	8	0
医疗保健服务	6	0
电信电讯	1	0

数据来源：BCG Global Innovation Survey。

红鲱鱼全球 100 强主要基于企业技术创新、研发投入、专利申请数、产品或服务的差异化程度、市场份额、用户规模、营收情况、利润率、市场影响力、融资轮次等指标，对全球科技领域企业进行评价。

从 2021 年红鲱鱼全球 100 强榜单看，印度、美国和中国大陆入围企业数量位居前 3，分别为 23 家、22 家和 8 家。英国和新加坡各有 5 家企业入选，韩国、日本、德国、瑞典各有 4 家企业入选，丹麦、瑞士和中国香港各有 3 家企业入选，加拿大和以色列各有 2 家企业入选，中国台湾、法国、荷兰等 8 个国家 / 地区各有 1 家企业入选（表 4–12）。

表4–12 红鲱鱼全球100强的国家/地区分布（2021年）

国家 / 地区	企业数 / 家	国家 / 地区	企业数 / 家
印度	23	中国香港	3
美国	22	加拿大	2
中国大陆	8	以色列	2
英国	5	沙特阿拉伯	1
新加坡	5	比利时	1
韩国	4	中国台湾	1
日本	4	澳大利亚	1
德国	4	印度尼西亚	1
瑞典	4	法国	1
丹麦	3	荷兰	1
瑞士	3	挪威	1

数据来源：https://www.redherring.com/events/red-herring-global/2022-red-herring-top-100-global-winners/。

从入围企业的技术领域分布看，2021 年，计算机软件（15 家）、人工智能和机器学习（12 家）、安全保护（11 家）领域居前三位；其后为金融科技（10 家）、云计算（7 家）、互联网（5 家）、物联网（4 家）、生命科学和生物技术（4 家）、电信（4 家）；医疗器械、市场营销和广告、教育科技各有 3 家企业入围，消费型电子产品、农业科技、移动出行、清洁技术和数字货币与区块链各有 2 家企业入围，保险科技、虚拟化技术、房地产科技、移动通讯、游戏娱乐、生产制造、供应链技术、医疗保健服务和深度科技领域各有 1 家企业入围。中国大陆企业在人工智能和机器学习、云计算领域分别入围 2 家，在计算机软件、安全保护、金融科技和医疗器械领域分别入围 1 家（表 4–13）。

表4-13　红鲱鱼全球100强的技术领域分布（2021年）

技术领域	全球入围企业数 / 家	中国大陆入围企业数 / 家
计算机软件	15	1
人工智能和机器学习	12	2
安全保护	11	1
金融科技	10	1
云计算	7	2
互联网	5	0
物联网	4	0
生命科学和生物技术	4	0
电信	4	0
医疗器械	3	1
市场营销和广告	3	0
教育科技	3	0
消费型电子产品	2	0
农业科技	2	0
移动出行	2	0
清洁技术	2	0
数字货币与区块链	2	0
保险科技	1	0
虚拟化技术	1	0
房地产科技	1	0
移动通讯	1	0
游戏娱乐	1	0
生产制造	1	0
供应链技术	1	0
医疗保健服务	1	0
深度科技	1	0

数据来源：https://www.redherring.com/events/red-herring-global/2022-red-herring-top-100-global-winners/。

区域篇

第五章

企业创新能力区域比较

我国区域间企业创新能力表现出较明显的差异。从测度区域间企业创新能力的 20 个指标看，2021 年，9 个省（自治区、直辖市）[简称“省（区、市）”] 拥有 10 个以上超过全国平均水平的指标，16 个省（区、市）拥有超过全国平均水平的指标不足 3 个。全国领先的创新型省（区、市）表现突出，广东、安徽和湖北均有 17 个以上超过全国平均水平的指标；区域领先的创新型省（区、市）表现优异，浙江有 17 个指标超过东部地区平均水平，安徽有 19 个指标超过中部地区平均水平，重庆有 18 个指标超过西部地区平均水平，辽宁有 12 个指标超过东北地区平均水平。

一、企业创新能力评价指标构建

本章选取了开展创新活动企业占全部企业比重、实现创新企业占全部企业比重、实现产品创新企业占全部企业比重等 20 个指标，进行区域间的比较分析（表 5–1）。区域间企业创新能力比较主要采用两个评价视角：一是各省（区、市）指标与全国平均水平对比，反映该省（区、市）企业相对于全国创新水平所处位置；二是各省（区、市）指标与所在地区（东部地区、中部地区、西部地区和东北地区）平均水平对比，反映该省（区、市）企业在该区域的相对创新水平。

由于指标的量纲不一致，报告以条形图的形式呈现各省（区、市）指标与全国（地区）的相对值。对于部分省（区、市）相关指标多倍于全国（地区）平均水平的情形，以 1.2 为界对图形做截尾处理，并在图中标明相应指标的实际取值。

表5-1　区域企业创新能力评价指标体系

指标名称	数据来源
1. 开展创新活动企业占全部企业比重（%）	《全国企业创新调查年鉴 2022》
2. 实现创新企业占全部企业比重（%）	
3. 实现产品创新企业占全部企业比重（%）	
4. 实现工艺创新企业占全部企业比重（%）	
5. 实现组织创新企业占全部企业比重（%）	
6. 实现营销创新企业占全部企业比重（%）	
7. 创新合作企业占全部企业比重（%）	
8. 有 R&D 活动工业企业占工业企业比重（%）	《中国统计年鉴 2022》 《中国科技统计年鉴 2022》 《企业研发活动情况统计年鉴 2022》
9. 有研发机构工业企业占工业企业比重（%）	
10. 工业企业 R&D 人员占就业人员比重（%）	
11. 工业企业 R&D 经费内部支出占营业收入比重（%）	
12. 万名工业企业就业人员有效发明专利量（件 / 万人）	
13. 有国际市场新产品工业企业占产品创新工业企业比重（%）	《全国企业创新调查年鉴 2022》
14. 工业企业新产品销售收入占营业收入比重（%）	《中国统计年鉴 2022》 《中国科技统计年鉴 2022》 《企业研发活动情况统计年鉴 2022》
15. 工业企业营业收入利润率（%）	《中国统计年鉴 2022》
16. 认为创新对企业生存与发展起了重要作用企业占全部企业比重（%）	《全国企业创新调查年鉴 2022》
17. 有创新战略目标企业占全部企业比重（%）	
18. 工业企业研发费用加计扣除减免税占工业企业 R&D 经费内部支出比重（%）	《企业研发活动情况统计年鉴 2022》
19. 认为研发费用加计扣除税收优惠政策效果明显企业占开展创新活动企业比重（%）	《全国企业创新调查年鉴 2022》
20. 认为高新技术企业所得税减免政策效果明显企业占开展创新活动企业比重（%）	

二、各地区企业创新能力分析

1.北京

北京有 9 个指标高于全国平均水平，万名工业企业就业人员有效发明专利量、工业企业营业收入利润率、认为高新技术企业所得税减免政策效果明显企业占开展创新活动企业比重优势非常明显，分别达到全国平均水平的 409.2%、181.3% 和 147.5%；有研发机构工业企业占工业企业比重表现欠佳，仅为全国平均水平的 60.0%（图 5–1）。

北京有 7 个指标高于东部地区平均水平，万名工业企业就业人员有效发明专利量、工业企业营业收入利润率、认为高新技术企业所得税减免政策效果明显企业占开展创新活动企业比重优势非常明显，分别达到东部地区平均水平的 336.9%、188.8% 和 133.1%；有研发机构工业企业占工业企业比重相对落后，仅为东部地区平均水平的 49.9%（图 5–2）。

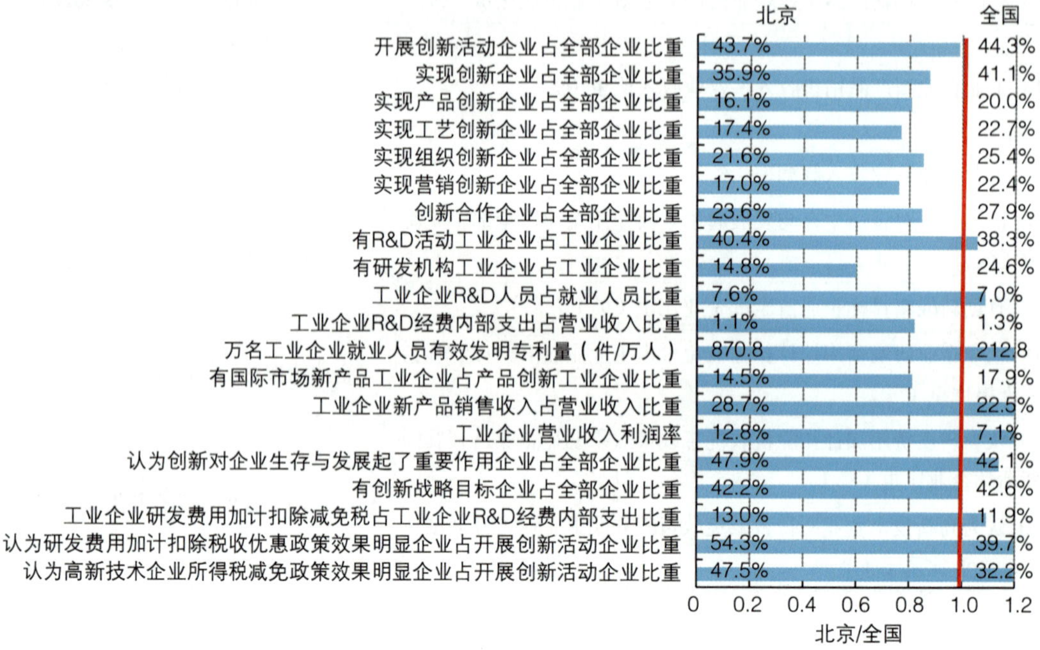

图5–1　北京企业创新能力：与全国对比

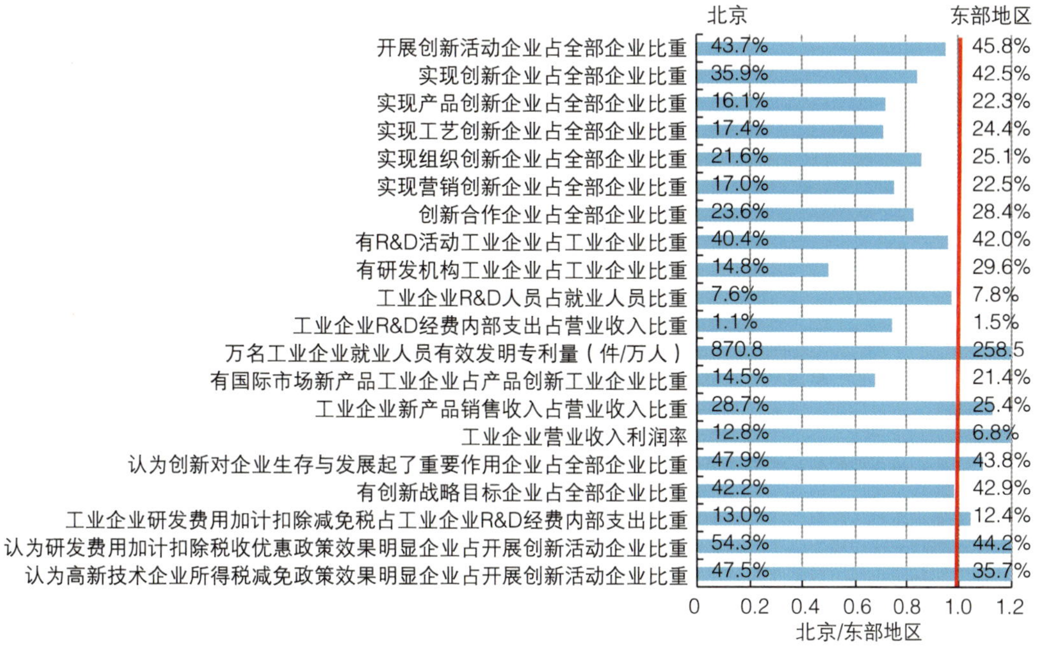

图5-2 北京企业创新能力：与东部地区对比

2.天津

天津有 2 个指标高于全国平均水平，万名工业企业就业人员有效发明专利量、工业企业 R&D 人员占就业人员比重表现突出，分别达到全国平均水平的 127.8% 和 115.1%；有研发机构工业企业占工业企业比重表现不佳，仅为全国平均水平的 38.5%（图 5–3）。

天津有 2 个指标高于东部地区平均水平，万名工业企业就业人员有效发明专利量、工业企业 R&D 人员占就业人员比重具有优势，分别达到东部地区平均水平的 105.2% 和 103.4%；有研发机构工业企业占工业企业比重落后较多，仅为东部地区平均水平的 32.0%（图 5–4）。

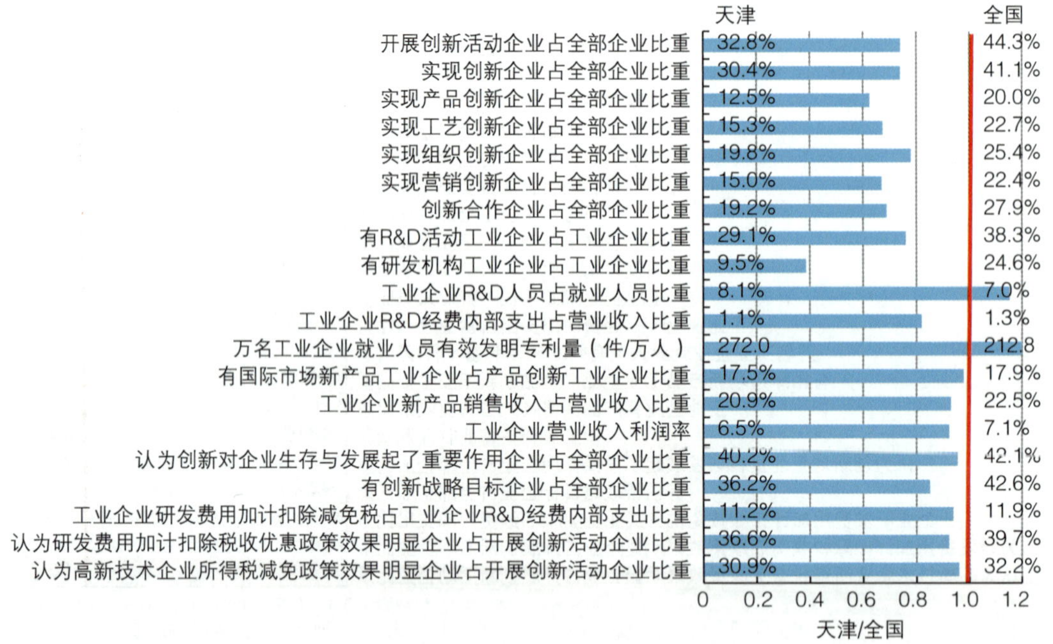

图5-3　天津企业创新能力：与全国对比

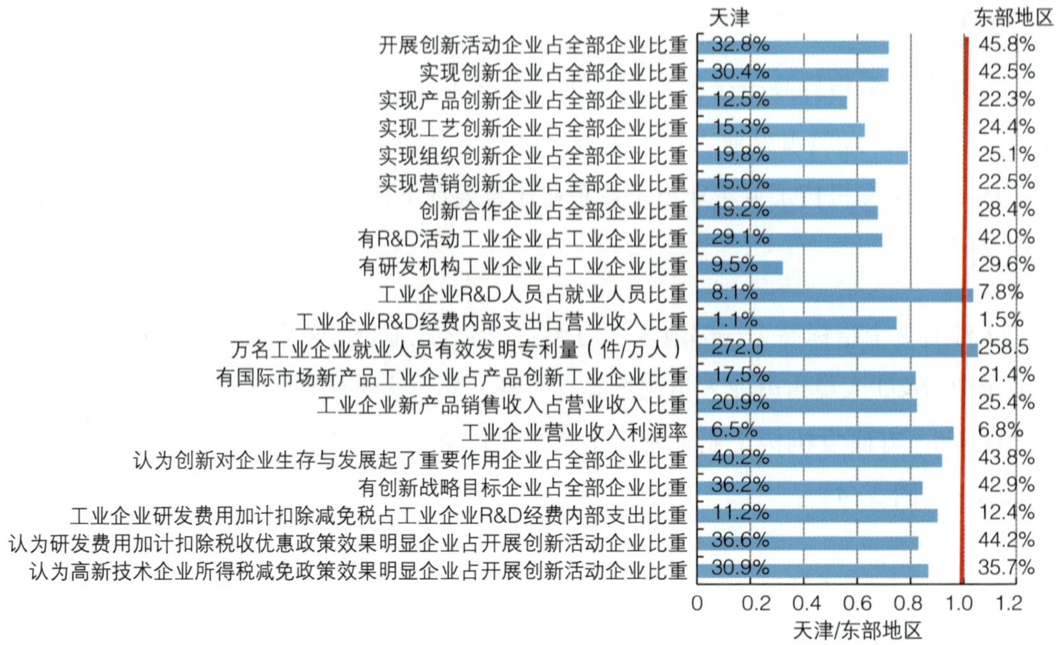

图5-4　天津企业创新能力：与东部地区对比

3.河北

河北有 1 个指标高于全国平均水平，认为创新对企业生存与发展起了重要作用企业占全部企业比重为全国平均水平的 102.4%；万名工业企业就业人员有效发明专利量、有研发机构工业企业占工业企业比重、有 R&D 活动工业企业占工业企业比重相对落后，分别仅为全国平均水平的 58.6%、59.8% 和 63.2%（图 5–5）。

河北所有指标均低于东部地区平均水平，认为创新对企业生存与发展起了重要作用企业占全部企业比重、有创新战略目标企业占全部企业比重、实现组织创新企业占全部企业比重表现相对较好，分别为东部地区平均水平的 98.4%、98.4% 和 91.6%；万名工业企业就业人员有效发明专利量、有研发机构工业企业占工业企业比重落后较多，分别仅为东部地区平均水平的 48.2% 和 49.7%（图 5–6）。

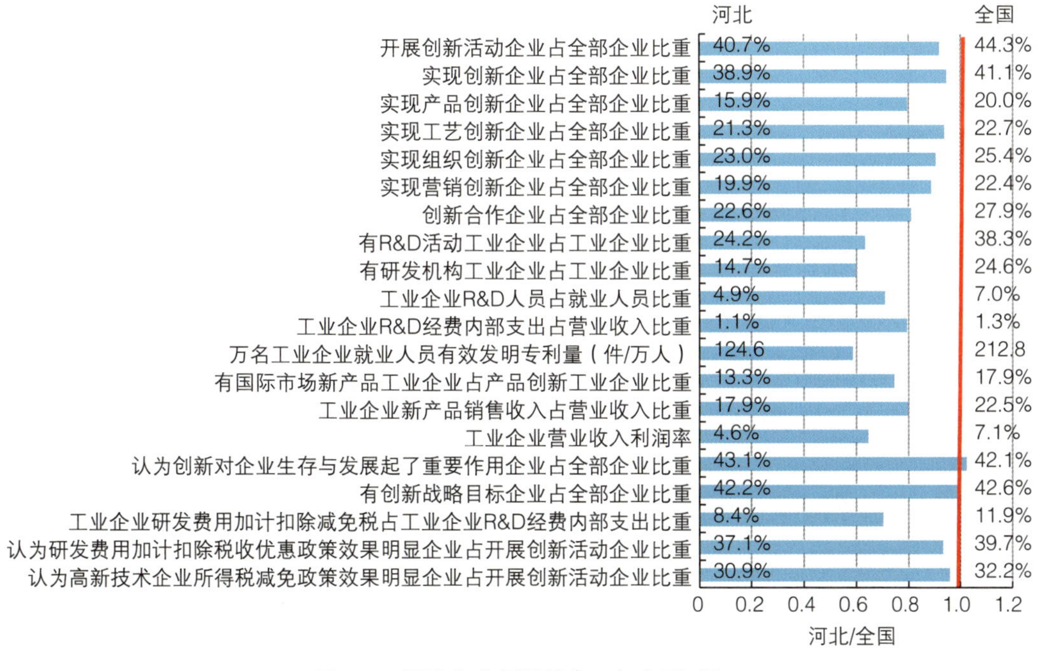

图5–5　河北企业创新能力：与全国对比

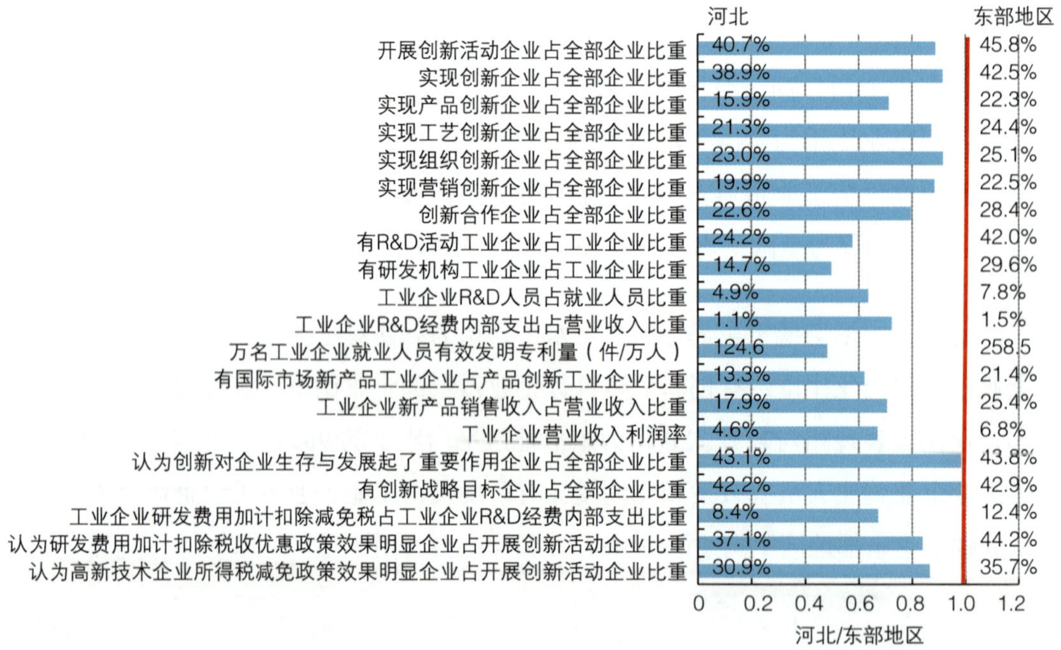

图5-6　河北企业创新能力：与东部地区对比

4.山西

山西有 2 个指标高于全国平均水平，工业企业营业收入利润率和工业企业研发费用加计扣除减免税占工业企业 R&D 经费内部支出比重优势较为明显，分别为全国平均水平的 129.0% 和 117.8%；万名工业企业就业人员有效发明专利量、有 R&D 活动工业企业占工业企业比重、工业企业新产品销售收入占营业收入比重落后较多，分别仅为全国平均水平的 29.2%、37.1% 和 38.8%（图 5–7）。

山西有 2 个指标高于中部地区平均水平，工业企业营业收入利润率和工业企业研发费用加计扣除减免税占工业企业 R&D 经费内部支出比重表现突出，分别为中部地区平均水平的 131.3% 和 117.5%；有 R&D 活动工业企业占工业企业比重、工业企业新产品销售收入占营业收入比重相对落后，分别仅为中部地区平均水平的 37.8% 和 38.7%（图 5–8）。

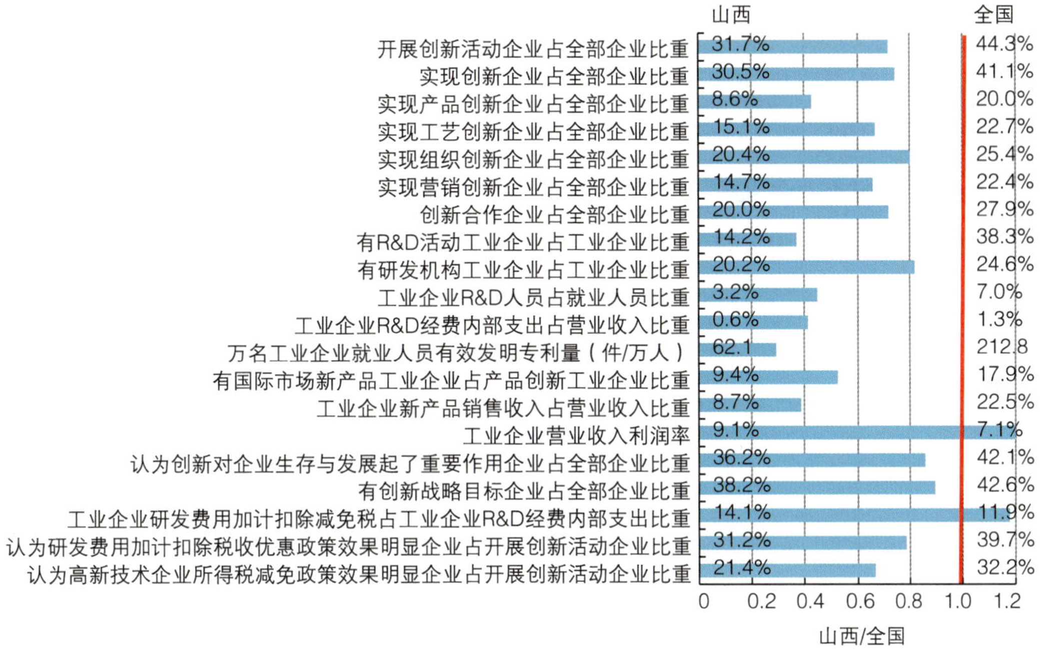

图5-7　山西企业创新能力：与全国对比

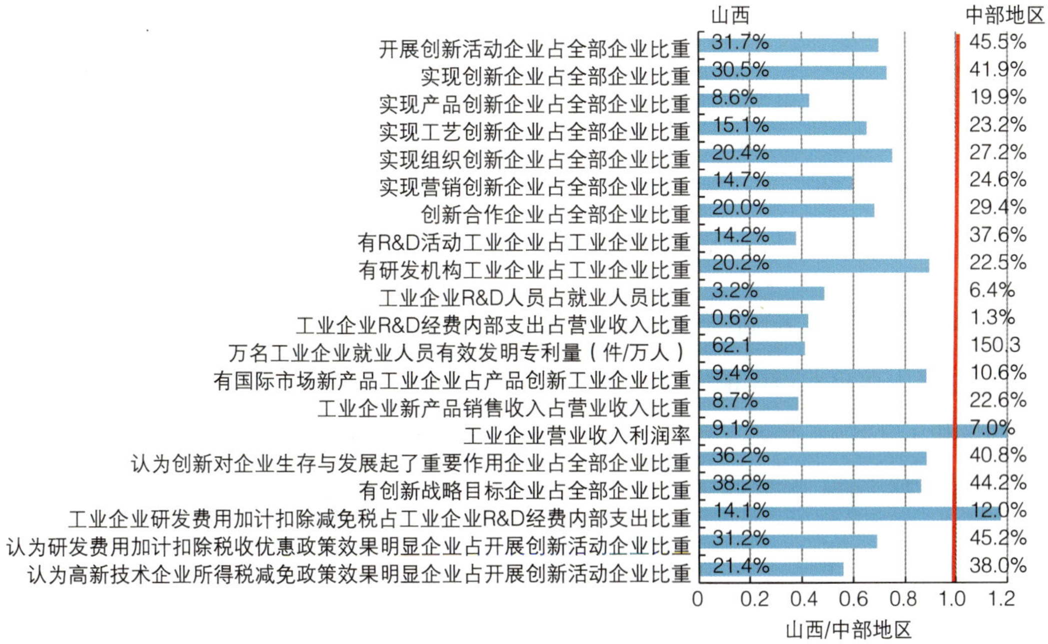

图5-8　山西企业创新能力：与中部地区对比

5.内蒙古

内蒙古有 1 个指标高于全国平均水平，工业企业营业收入利润率优势明显，为全国平均水平的 192.4%；有研发机构工业企业占工业企业比重、实现产品创新企业占全部企业比重和工业企业新产品销售收入占营业收入比重明显落后，分别仅为全国平均水平的 16.7%、28.0% 和 29.6%（图 5–9）。

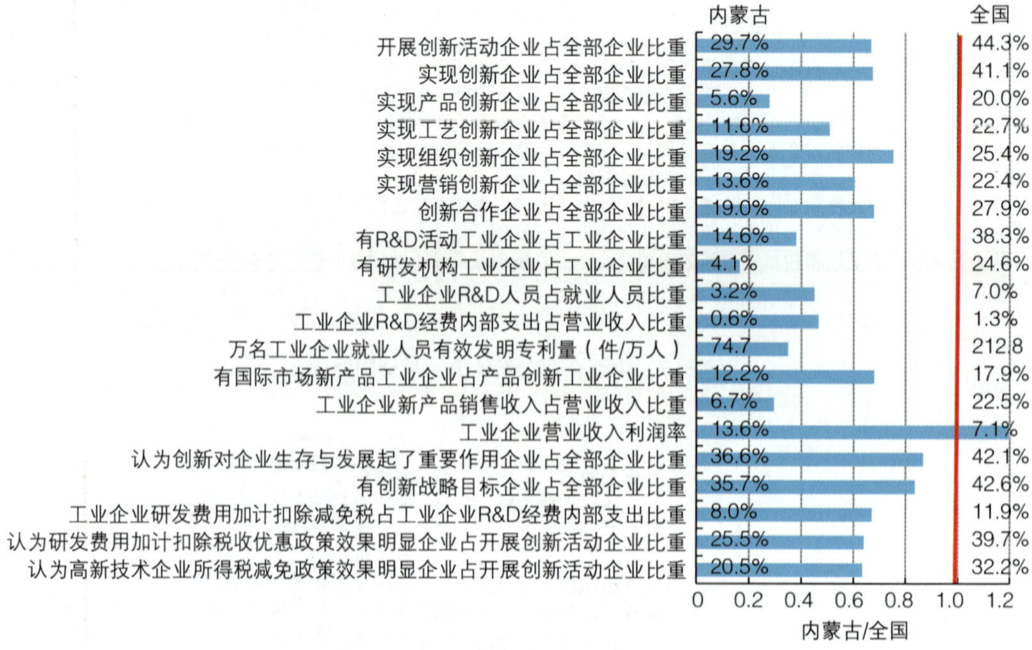

图5–9 内蒙古企业创新能力：与全国对比

内蒙古有 2 个指标高于西部地区平均水平，工业企业营业收入利润率、有国际市场新产品工业企业占产品创新工业企业比重优势明显，分别为西部地区平均水平的 145.0% 和 120.8%；有研发机构工业企业占工业企业比重、实现产品创新企业占全部企业比重表现不佳，分别仅为西部地区平均水平的 40.8% 和 43.1%（图 5–10）。

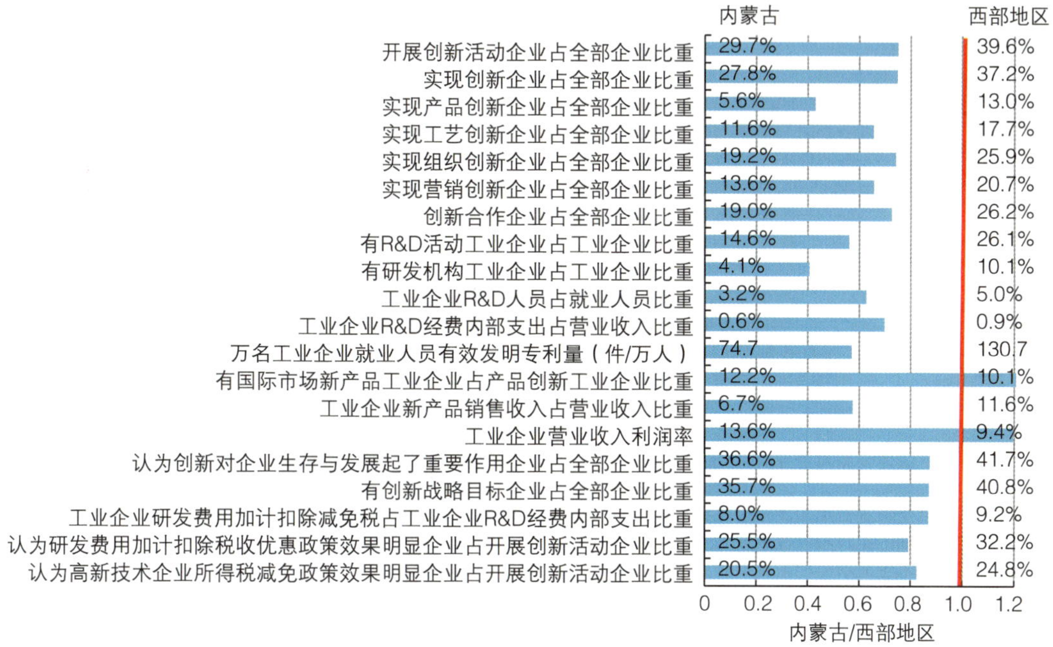

图5-10　内蒙古企业创新能力：与西部地区对比

6.辽宁

辽宁有 2 个指标略高于全国平均水平，有国际市场新产品工业企业占产品创新工业企业比重、认为高新技术企业所得税减免政策效果明显企业占开展创新活动企业比重分别为全国平均水平的 106.7% 和 100.3%；有研发机构工业企业占工业企业比重明显落后，仅为全国平均水平的 23.8%（图 5–11）。

辽宁有 12 个指标高于东北地区平均水平，是东北地区企业创新的主导力量。有国际市场新产品工业企业占产品创新工业企业比重、有 R&D 活动工业企业占工业企业比重、工业企业 R&D 人员占就业人员比重优势较为明显，分别为东北地区平均水平的 129.1%、125.7% 和 122.7%；工业企业研发费用加计扣除减免税占工业企业 R&D 经费内部支出比重有待提升，仅为东北地区平均水平的 75.0%（图 5–12）。

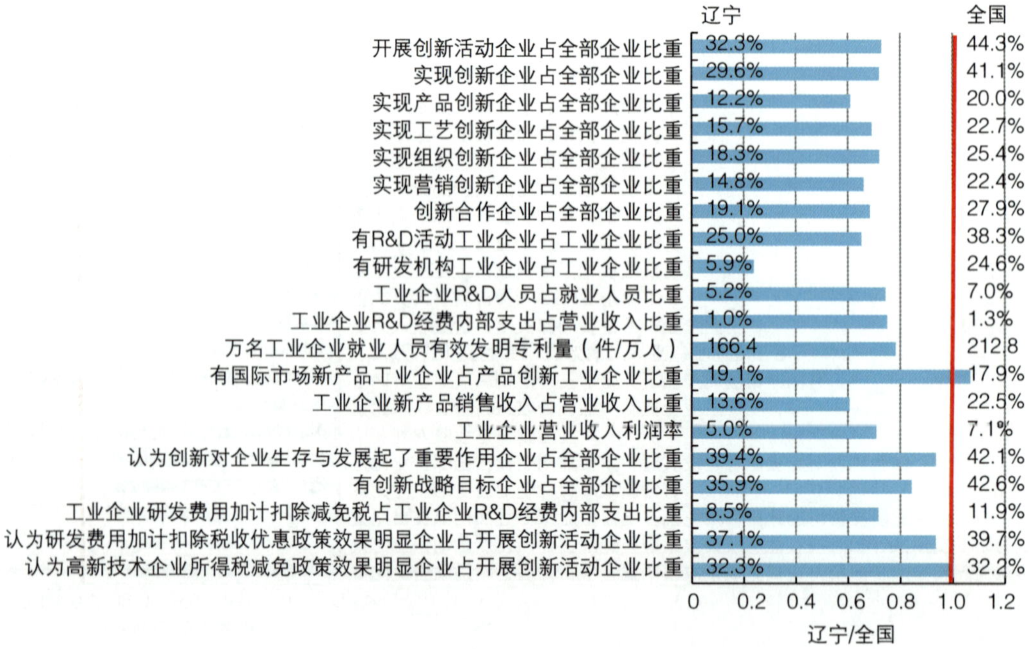

图5-11 辽宁企业创新能力：与全国对比

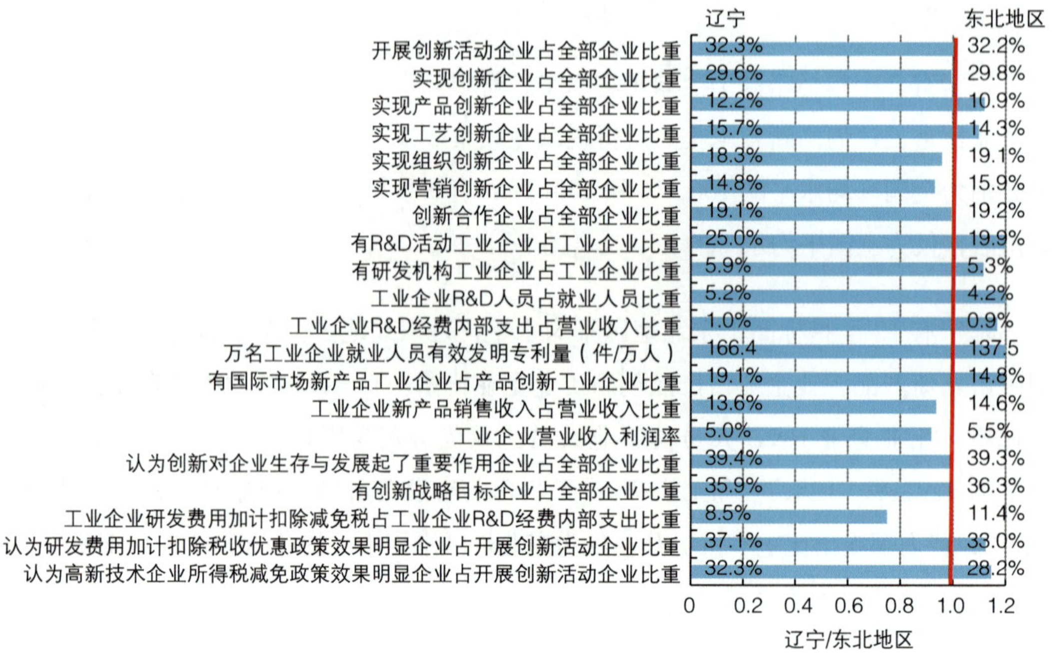

图5-12 辽宁企业创新能力：与东北地区对比

7.吉林

吉林有 2 个指标高于全国平均水平，工业企业研发费用加计扣除减免税占工业企业 R&D 经费内部支出比重优势明显，工业企业营业收入利润率表现较好，分别为全国平均水平的 186.1% 和 103.7%；有研发机构工业企业占工业企业比重、有 R&D 活动工业企业占工业企业比重落后较多，分别为全国平均水平的 17.9% 和 34.7%（图 5–13）。

吉林有 10 个指标高于东北地区平均水平，工业企业研发费用加计扣除减免税占工业企业 R&D 经费内部支出比重、工业企业新产品销售收入占营业收入比重和工业企业营业收入利润率优势明显，分别为东北地区平均水平的 194.9%、138.0% 和 134.3%；有国际市场新产品工业企业占产品创新工业企业比重较为落后，仅为东北地区平均水平的 58.1%（图 5–14）。

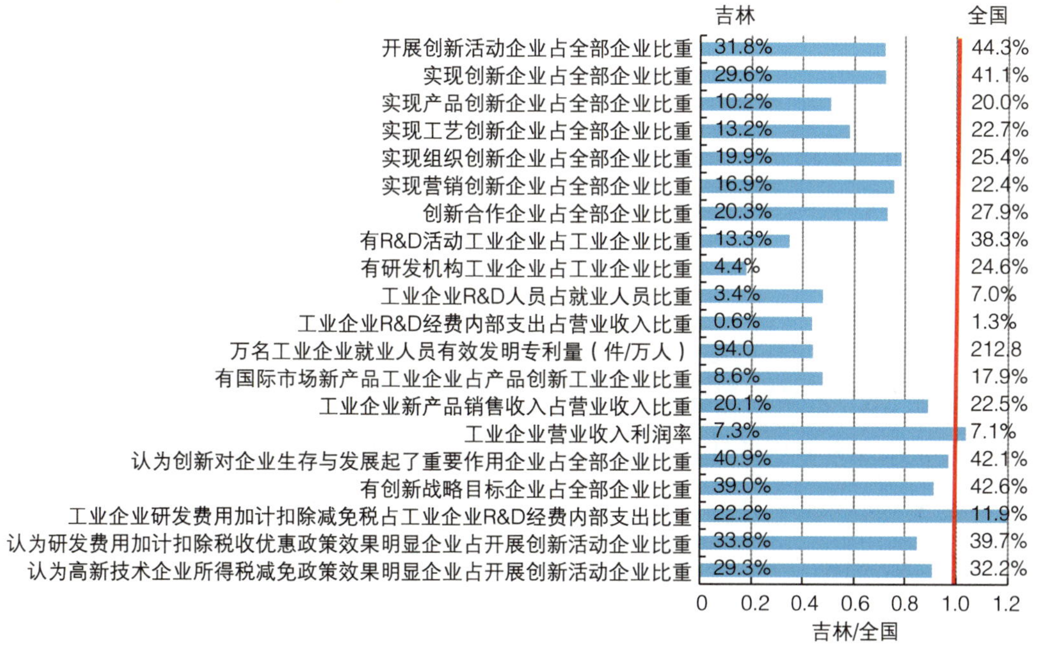

图5–13　吉林企业创新能力：与全国对比

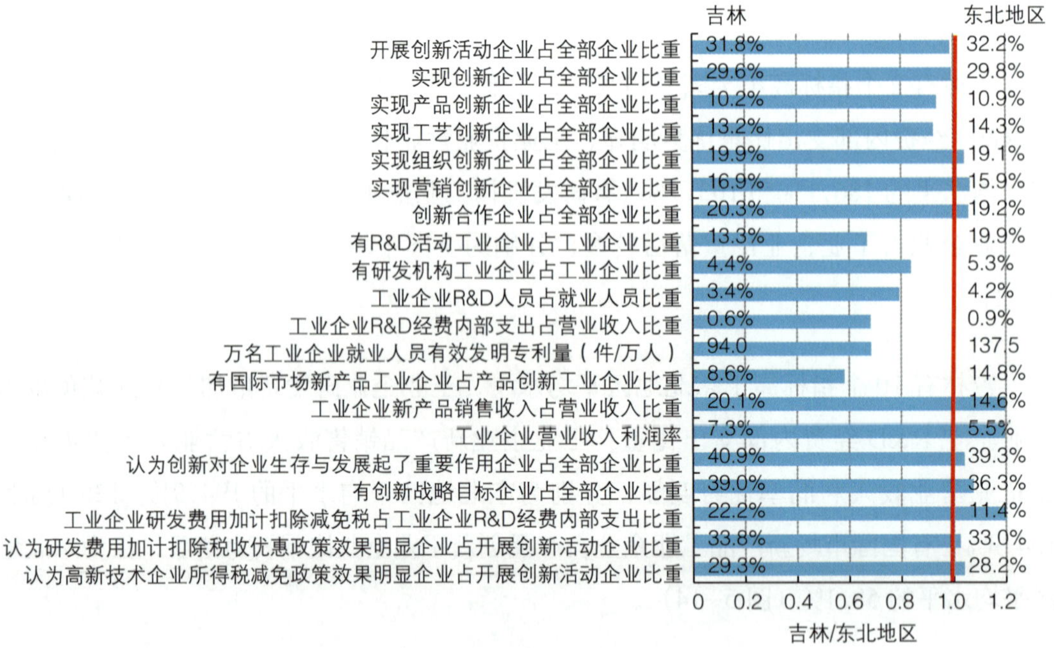

图5-14　吉林企业创新能力：与东北地区对比

8.黑龙江

黑龙江有 1 个指标高于全国平均水平，工业企业研发费用加计扣除减免税占工业企业 R&D 经费内部支出比重表现较好，为全国平均水平的 106.8%；有研发机构工业企业占工业企业比重明显落后，仅为全国平均水平的 19.1%（图 5–15）。

黑龙江有 4 个指标高于东北地区平均水平，工业企业研发费用加计扣除减免税占工业企业 R&D 经费内部支出比重、实现营销创新企业占全部企业比重、实现组织创新企业占全部企业比重具有优势，分别为东北地区平均水平的 111.8%、110.1% 和 105.8%；有国际市场新产品工业企业占产品创新工业企业比重相对落后，仅为东北地区平均水平的 50%（图 5–16）。

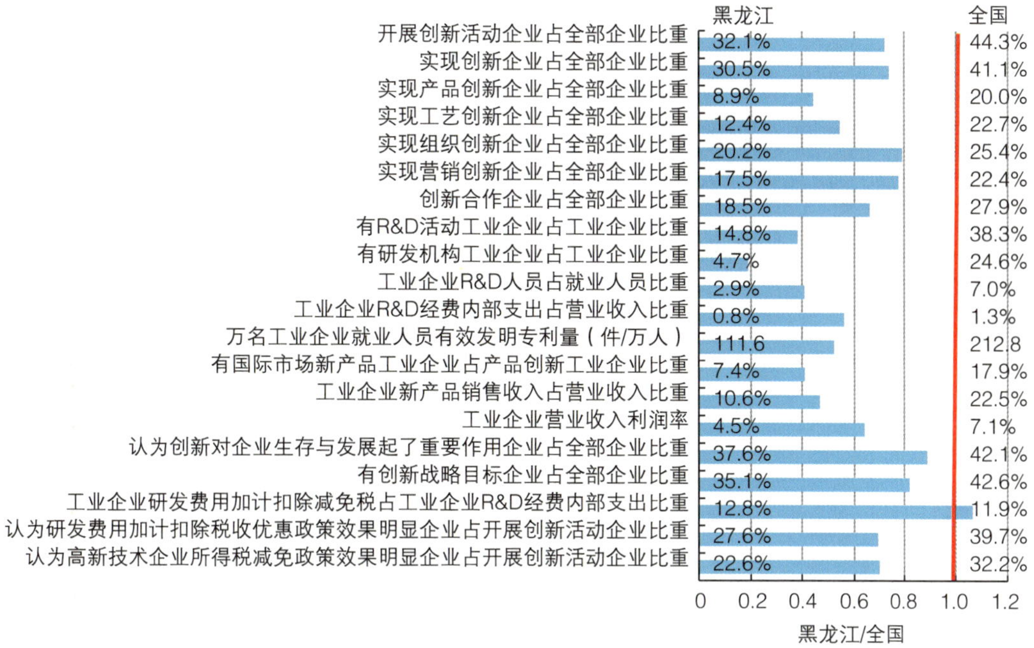

图5-15　黑龙江企业创新能力：与全国对比

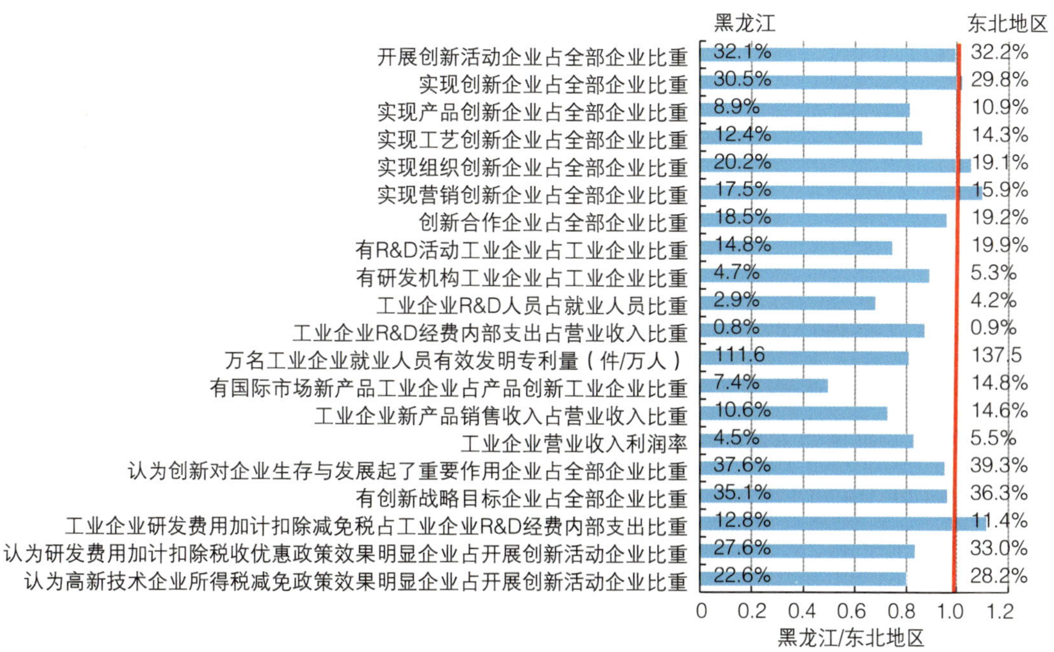

图5-16　黑龙江企业创新能力：与东北地区对比

9.上海

上海有 9 个指标高于全国平均水平，万名工业企业就业人员有效发明专利量、有国际市场新产品工业企业占产品创新工业企业比重和工业企业 R&D 经费内部支出占营业收入比重优势明显，分别为全国平均水平的 166.6%、143.6% 和 115.4%；有研发机构工业企业占工业企业比重落后较多，仅为全国平均水平的 34.5%（图 5–17）。

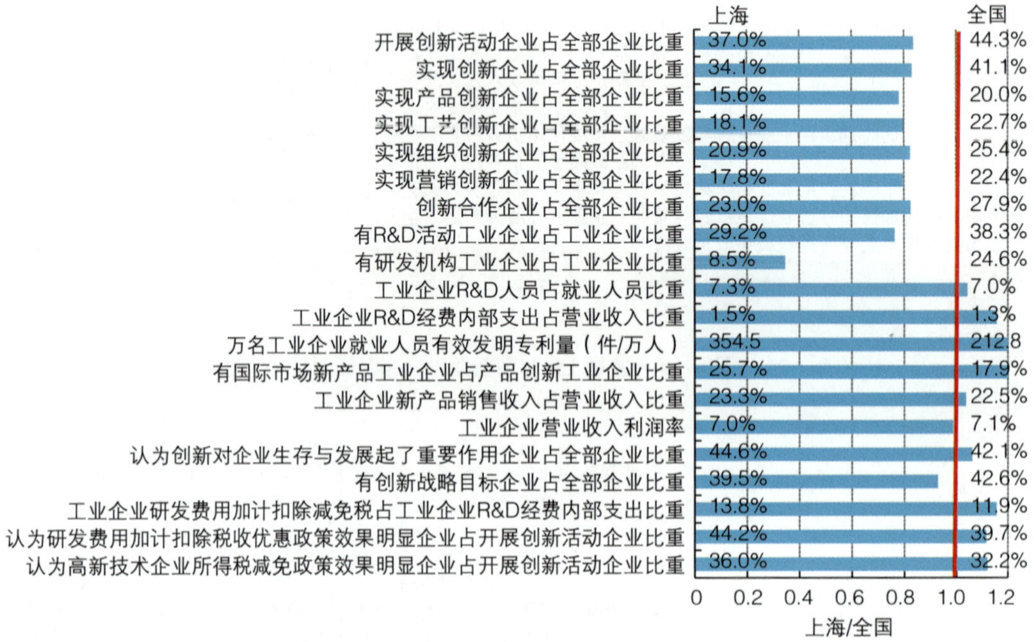

图5–17　上海企业创新能力：与全国对比

上海有 7 个指标高于东部地区平均水平，万名工业企业就业人员有效发明专利量、有国际市场新产品工业企业占产品创新工业企业比重、工业企业研发费用加计扣除减免税占工业企业 R&D 经费内部支出比重表现突出，分别为东部地区平均水平的 137.2%、120.1% 和 110.7%；有研发机构工业企业占工业企业比重明显不足，仅为东部地区平均水平的 28.7%（图 5–18）。

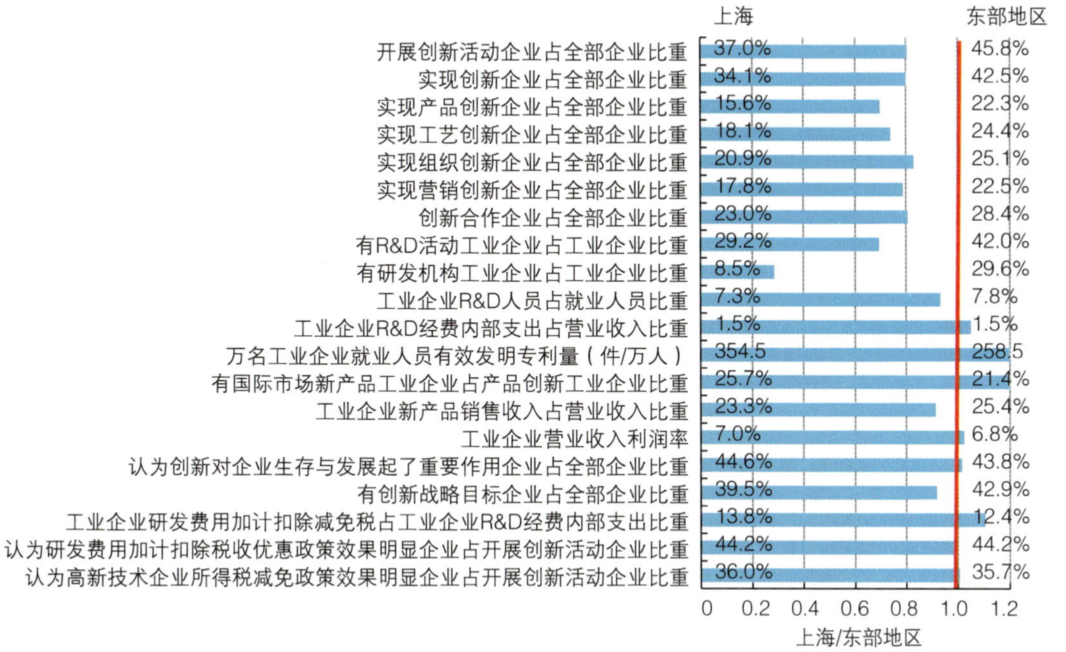

图5-18　上海企业创新能力：与东部地区对比

10.江苏

江苏有 17 个指标高于全国平均水平，工业企业 R&D 人员占就业人员比重、工业企业 R&D 经费内部支出占营业收入比重和有 R&D 活动工业企业占工业企业比重表现突出，分别为全国平均水平的 136.2%、132.5% 和 126.6%；工业企业研发费用加计扣除减免税占工业企业 R&D 经费内部支出比重和工业企业营业收入利润率相对落后，分别为全国平均水平的 83.0% 和 88.1%（图 5–19）。

江苏有 13 个指标高于东部地区平均水平，工业企业 R&D 人员占就业人员比重、工业企业 R&D 经费内部支出占营业收入比重、有 R&D 活动工业企业占工业企业比重表现较好，分别为东部地区平均水平的 122.3%、120.8% 和 115.4%；工业企业研发费用加计扣除减免税占工业企业 R&D 经费内部支出比重略显不足，仅为东部地区平均水平的 79.7%（图 5–20）。

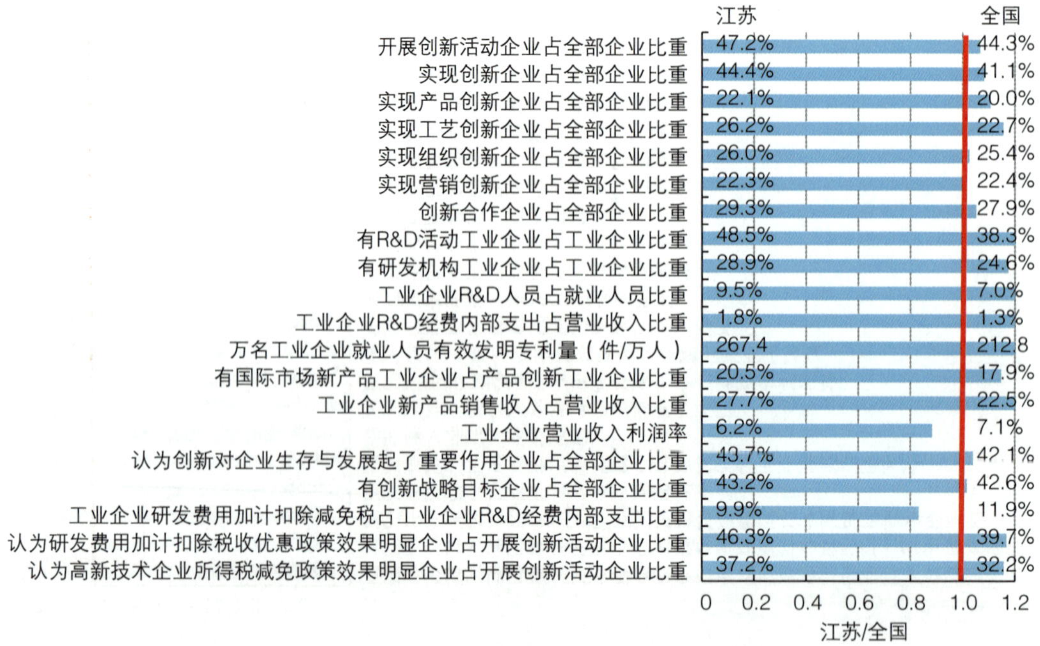

图5-19　江苏企业创新能力：与全国对比

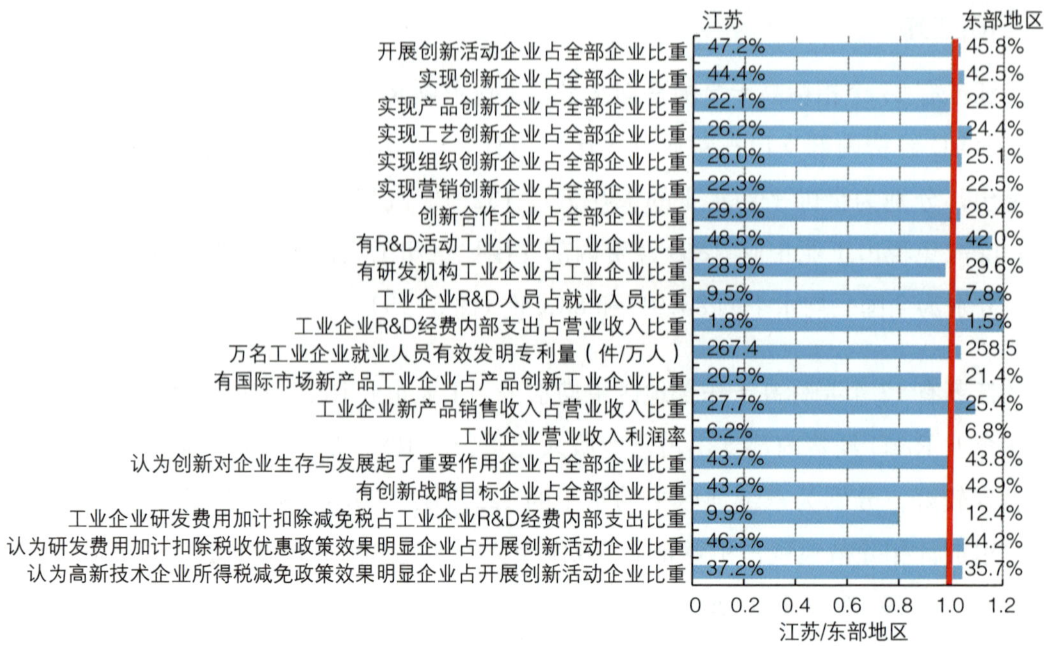

图5-20　江苏企业创新能力：与东部地区对比

11.浙江

浙江有 17 个指标高于全国平均水平，工业企业新产品销售收入占营业收入比重、实现产品创新企业占全部企业比重和有研发机构工业企业占工业企业比重优势明显，分别为全国平均水平的 163.6%、159.0% 和 152.2%；万名工业企业就业人员有效发明专利量有待提高，仅为全国平均水平的 76.2%（图 5–21）。

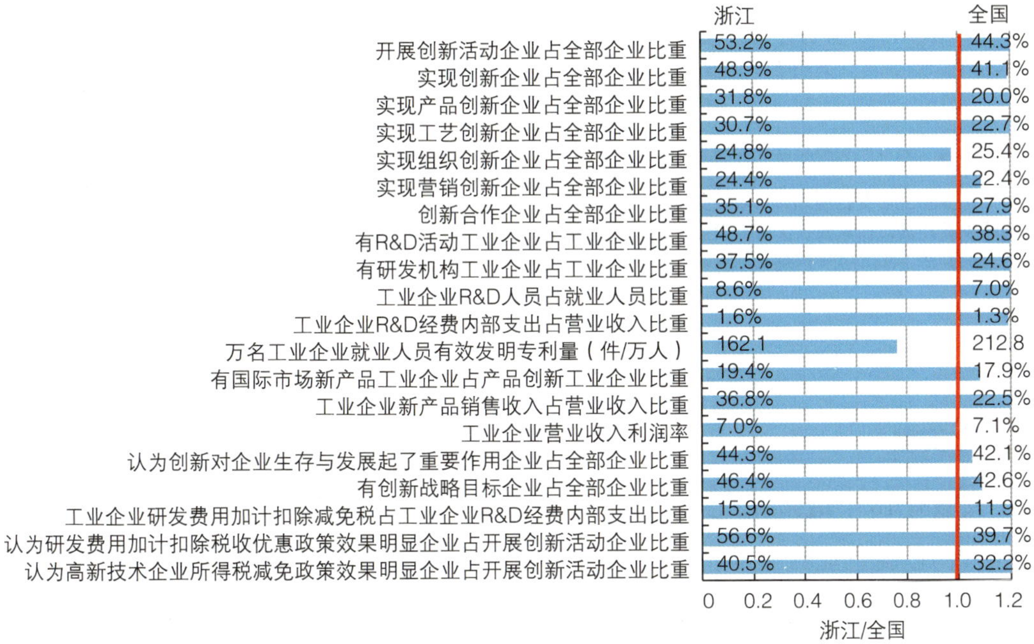

图5–21　浙江企业创新能力：与全国对比

浙江有 17 个指标高于东部地区平均水平，是东部地区企业创新的主导力量。工业企业新产品销售收入占营业收入比重、实现产品创新企业占全部企业比重和认为研发费用加计扣除税收优惠政策效果明显企业占开展创新活动企业比重表现突出，分别为东部地区平均水平的 144.8%、142.6% 和 128.1%；万名工业企业就业人员有效发明专利量相对落后，仅为东部地区平均水平的 62.7%（图 5–22）。

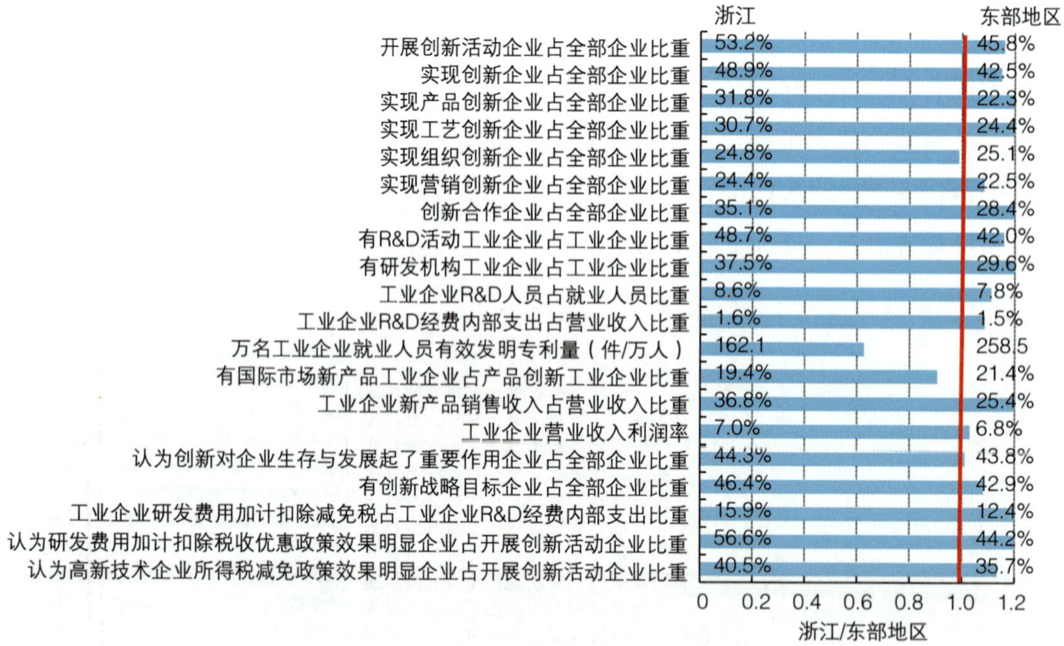

图5-22 浙江企业创新能力：与东部地区对比

12.安徽

安徽有 18 个指标高于全国平均水平，工业企业新产品销售收入占营业收入比重、实现营销创新企业占全部企业比重和万名工业企业就业人员有效发明专利量优势明显，分别为全国平均水平的 147.6%、132.6% 和 131.9%；有国际市场新产品工业企业占产品创新工业企业比重、工业企业营业收入利润率有待加强，分别为全国平均水平的 78.2% 和 89.2%（图 5–23）。

安徽有 19 个指标高于中部地区平均水平，具有引领中部地区创新的实力。万名工业企业就业人员有效发明专利量、工业企业新产品销售收入占营业收入比重和工业企业 R&D 人员占就业人员比重优势明显，分别为中部地区平均水平的 186.7%、147.0% 和 138.3%；仅有工业企业营业收入利润率 1 个指标低于中部地区平均水平，为中部地区平均水平的 90.8%（图 5–24）。

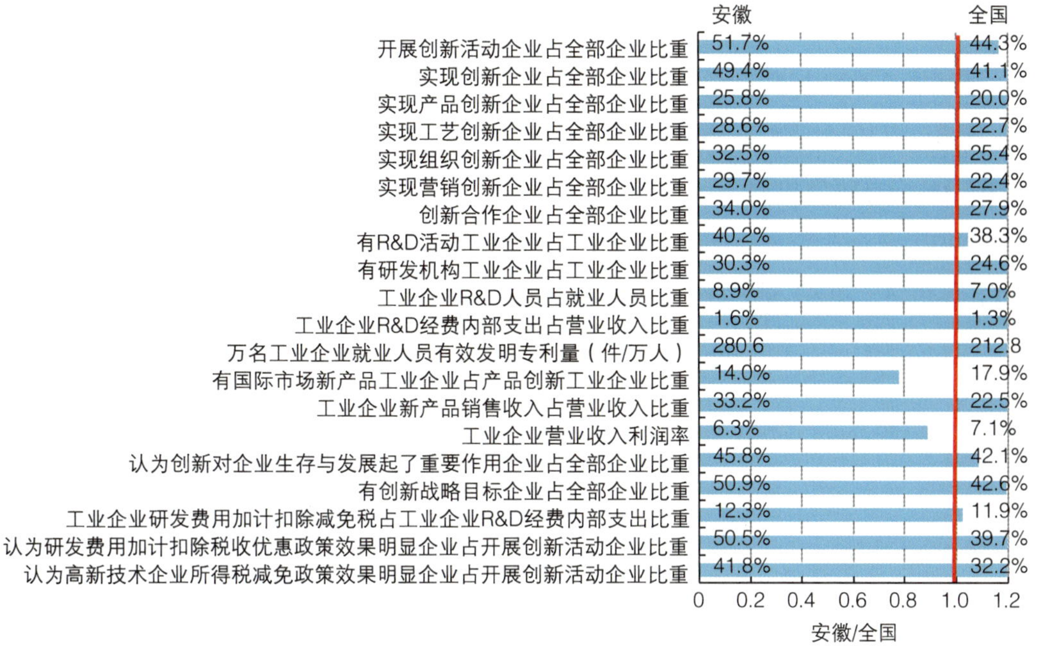

图5-23　安徽企业创新能力：与全国对比

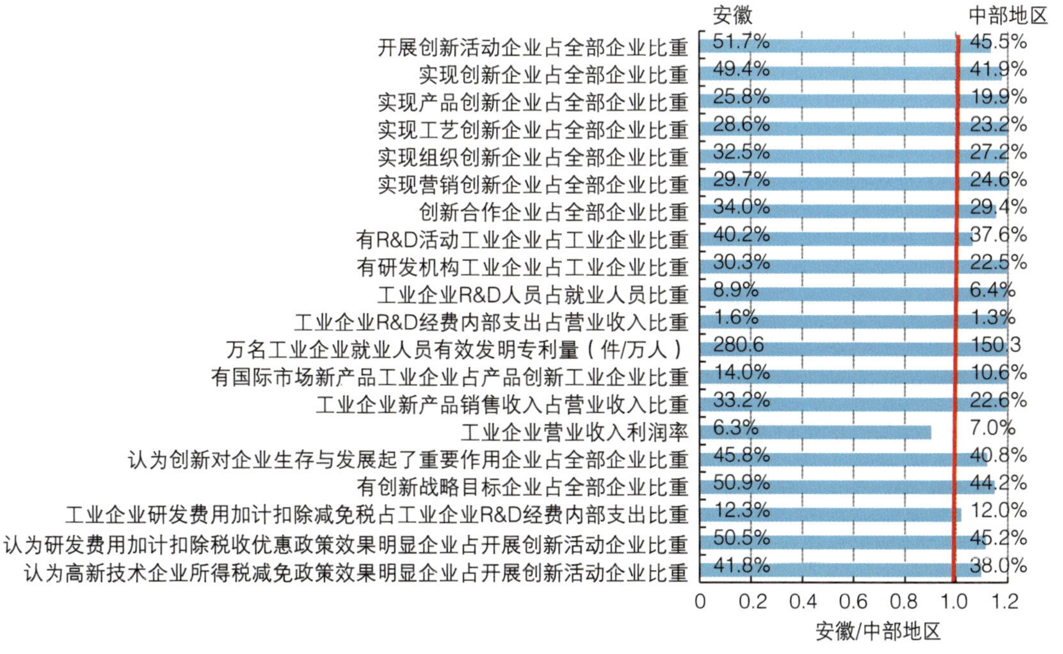

图5-24　安徽企业创新能力：与中部地区对比

13.福建

福建有 2 个指标高于全国平均水平，有国际市场新产品工业企业占产品创新工业企业比重、工业企业营业收入利润率表现较为突出，分别为全国平均水平的 125.1% 和 107.1%；有研发机构工业企业占工业企业比重、万名工业企业就业人员有效发明专利量和工业企业新产品销售收入占营业收入比重较为落后，分别为全国平均水平的 39.1%、49.5% 和 52.9%（图 5-25）。

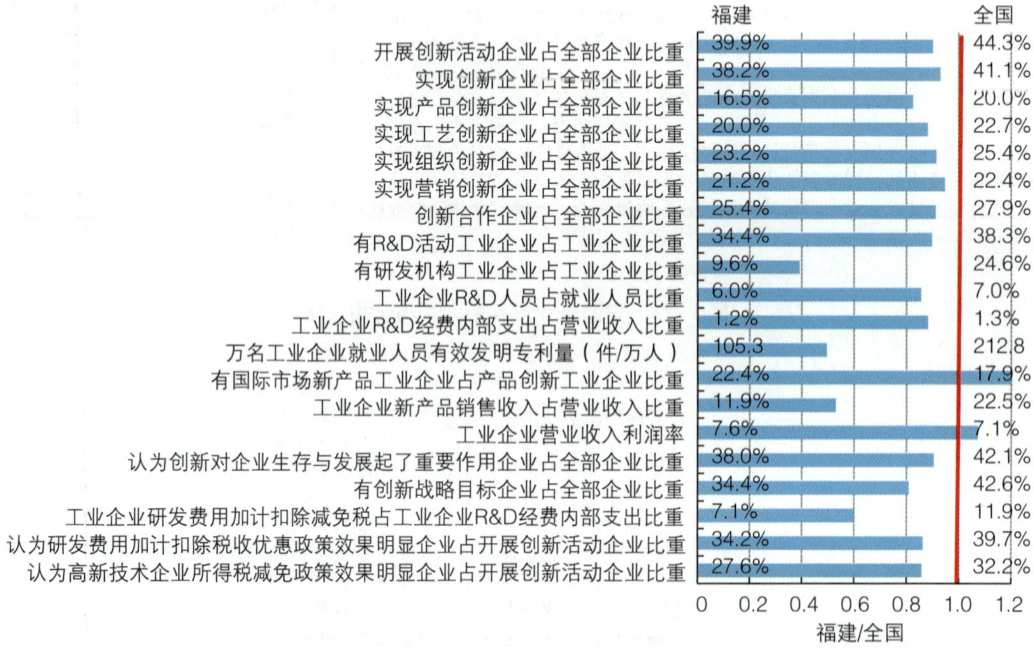

图5-25 福建企业创新能力：与全国对比

福建有 2 个指标高于东部地区平均水平，工业企业营业收入利润率、有国际市场新产品工业企业占产品创新工业企业比重具有一定优势，分别为东部地区平均水平的 111.5% 和 104.7%；有研发机构工业企业占工业企业比重、万名工业企业就业人员有效发明专利量和工业企业新产品销售收入占营业收入比重较为落后，分别仅为东部地区平均水平的 32.5%、40.7% 和 46.8%（图 5-26）。

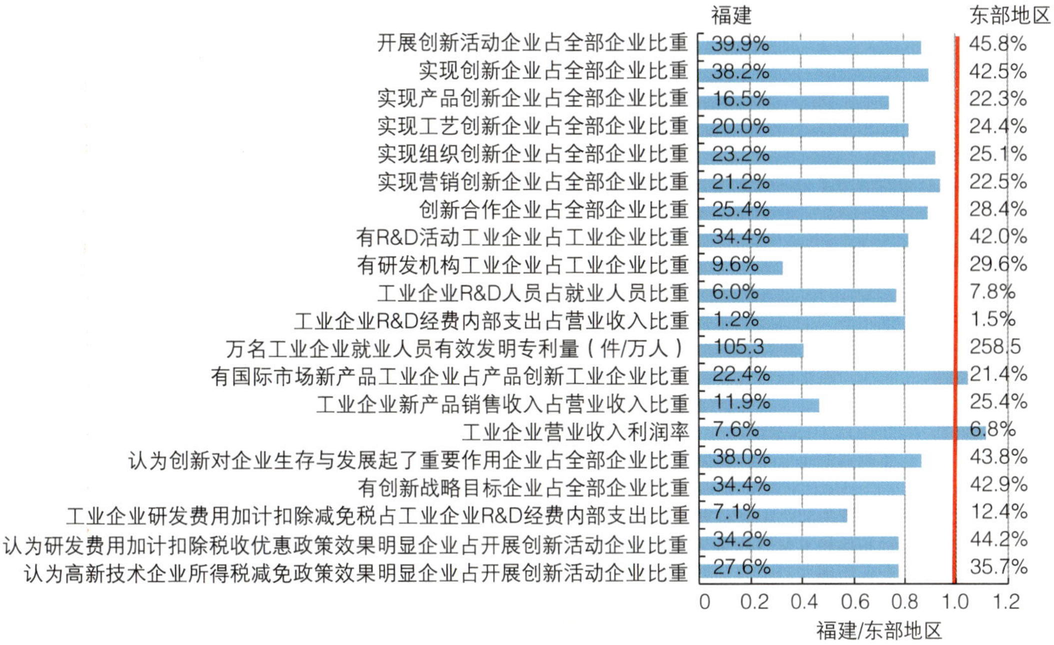

图5-26　福建企业创新能力：与东部地区对比

14.江西

江西有 12 个指标高于全国平均水平，工业企业研发费用加计扣除减免税占工业企业 R&D 经费内部支出比重、有研发机构工业企业占工业企业比重、实现产品创新企业占全部企业比重表现较为突出，分别为全国平均水平的 131.6%、129.9% 和 127.5%；万名工业企业就业人员有效发明专利量、有国际市场新产品工业企业占产品创新工业企业比重、工业企业 R&D 经费内部支出占营业收入比重相对落后，分别为全国平均水平的 43.8%、59.8% 和 66.5%（图 5–27）。

江西有 12 个指标高于中部地区平均水平，有研发机构工业企业占工业企业比重、工业企业研发费用加计扣除减免税占工业企业 R&D 经费内部支出比重、实现产品创新企业占全部企业比重表现较好，分别为中部地区平均水平的 142.3%、131.3% 和 128.1%；万名工业企业就业人员有效发明专利量、工业企业 R&D 经费内部支出占营业收入比重相对落后，分别为中部地区平均水平的 62.1% 和 68.3%（图 5–28）。

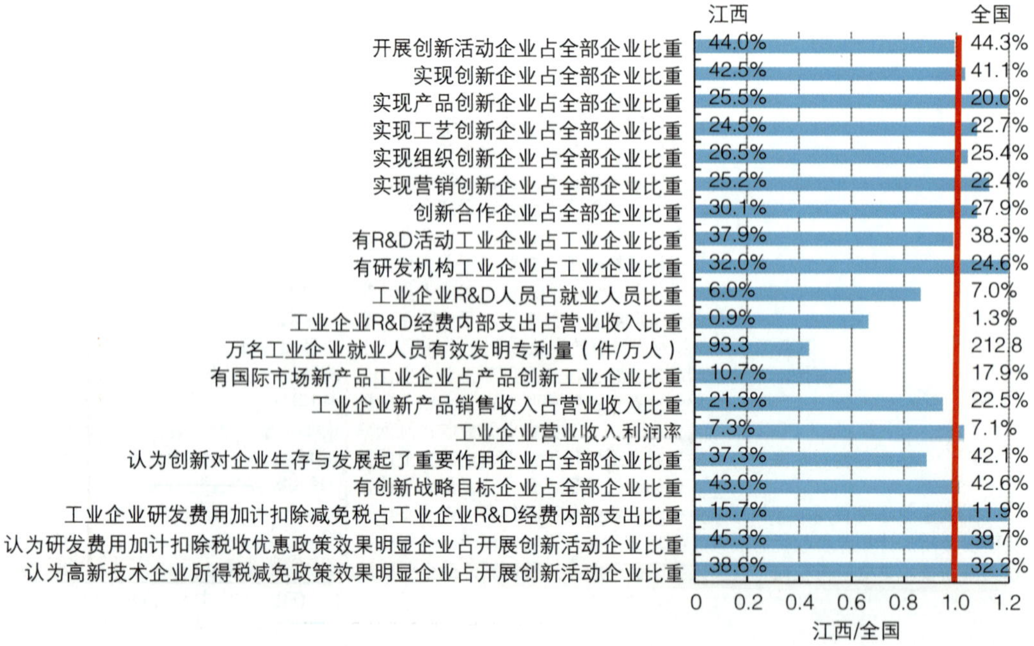

图5-27　江西企业创新能力：与全国对比

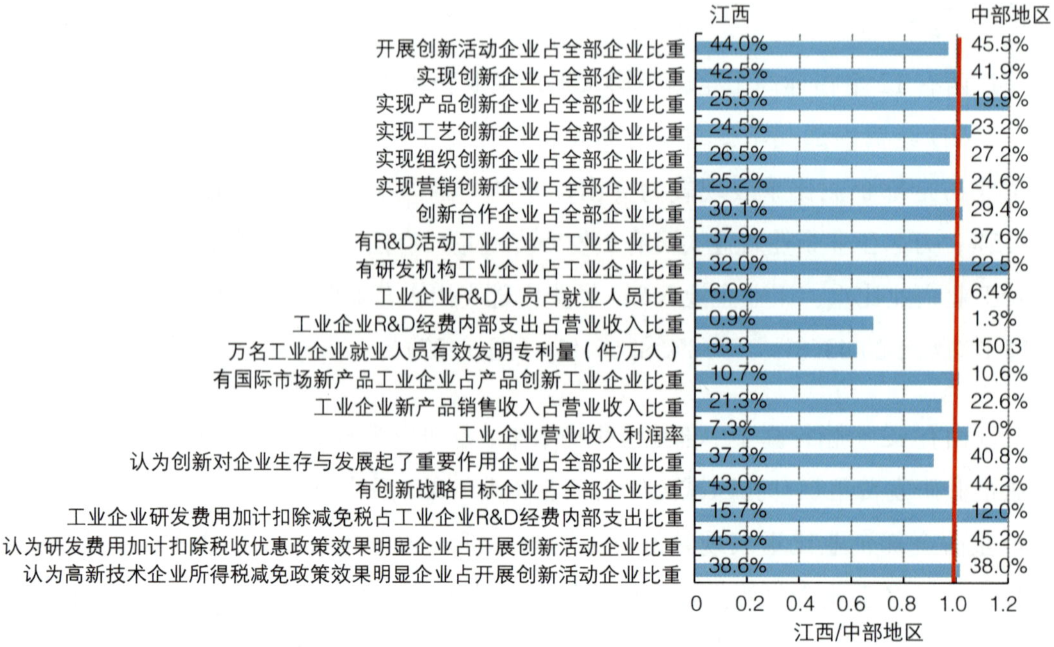

图5-28　江西企业创新能力：与中部地区对比

15.山东

山东有 15 个指标高于全国平均水平，工业企业 R&D 人员占就业人员比重、有 R&D 活动工业企业占工业企业比重和认为创新对企业生存与发展起了重要作用企业占全部企业比重表现较为突出，分别为全国平均水平的 134.6%、123.5% 和 120.9%；工业企业营业收入利润率和有研发机构工业企业占工业企业比重有待提高，分别为全国平均水平的 73.5% 和 78.3%（图 5–29）。

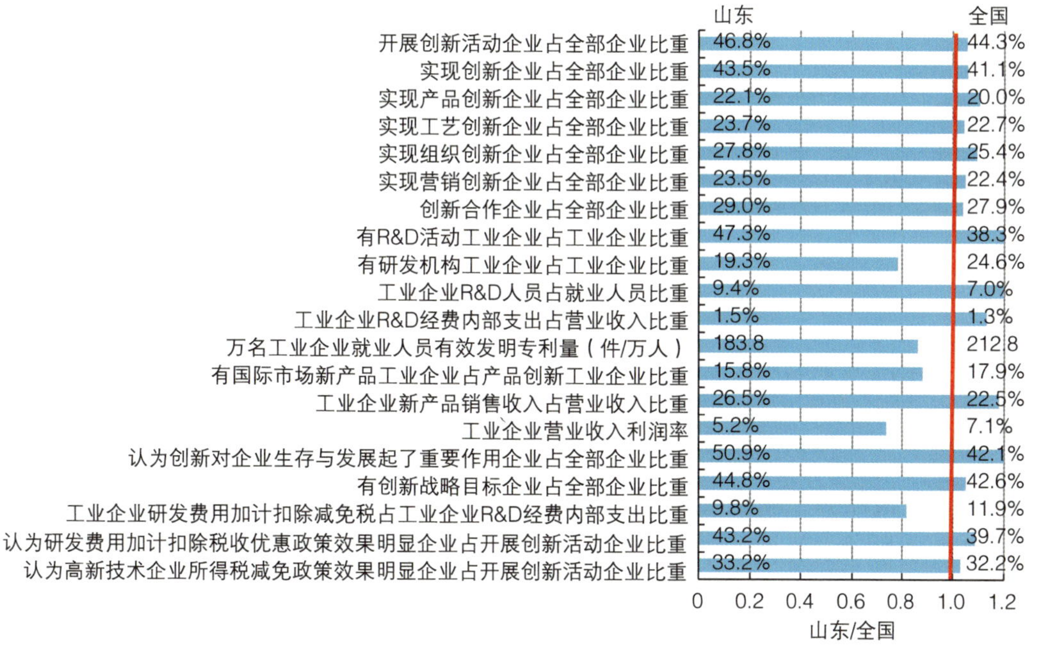

图5–29　山东企业创新能力：与全国对比

山东有 11 个指标高于东部地区平均水平，工业企业 R&D 人员占就业人员比重、认为创新对企业生存与发展起了重要作用企业占全部企业比重、有 R&D 活动工业企业占工业企业比重表现较好，分别为东部地区平均水平的 120.9%、116.2% 和 112.6%；有研发机构工业企业占工业企业比重相对落后，仅为东部地区平均水平的 65.1%（图 5–30）。

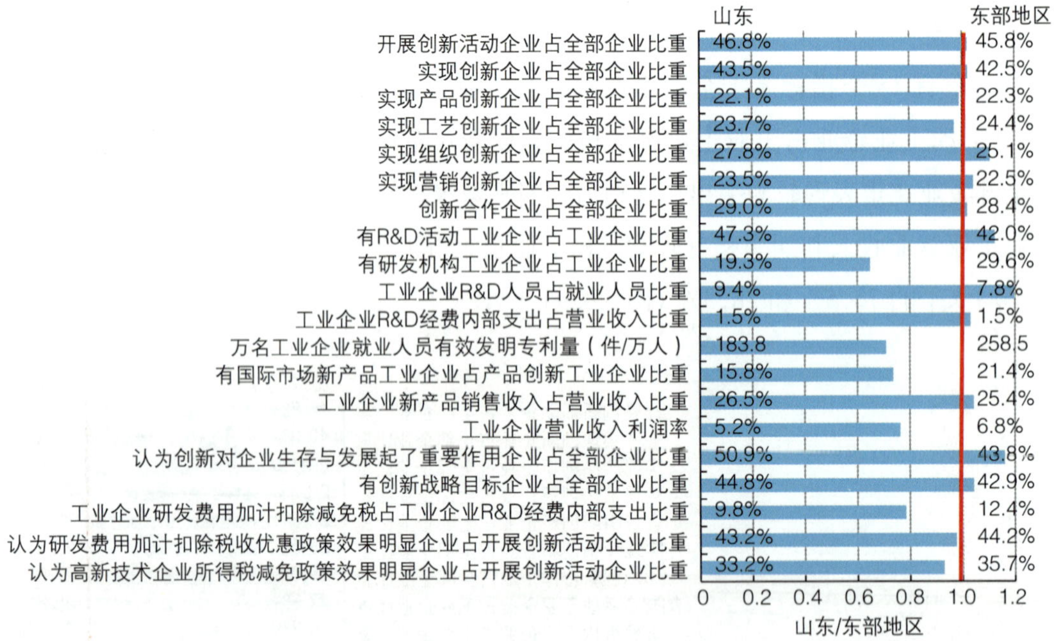

图5-30 山东企业创新能力：与东部地区对比

16.河南

河南有 5 个指标高于全国平均水平，认为高新技术企业所得税减免政策效果明显企业占开展创新活动企业比重表现较好，达到全国平均水平的 106.8%；万名工业企业就业人员有效发明专利量、有研发机构工业企业占工业企业比重、有国际市场新产品工业企业占产品创新工业企业比重较为落后，分别为全国平均水平的 45.6%、52.1% 和 56.4%（图 5-31）。

河南仅有 1 个指标略高于中部地区平均水平，工业企业 R&D 经费内部支出占营业收入比重为中部地区平均水平的 103.0%；有研发机构工业企业占工业企业比重、工业企业研发费用加计扣除减免税占工业企业 R&D 经费内部支出比重、万名工业企业就业人员有效发明专利量较为落后，分别为中部地区平均水平的 57.1%、64.4% 和 64.5%（图 5-32）。

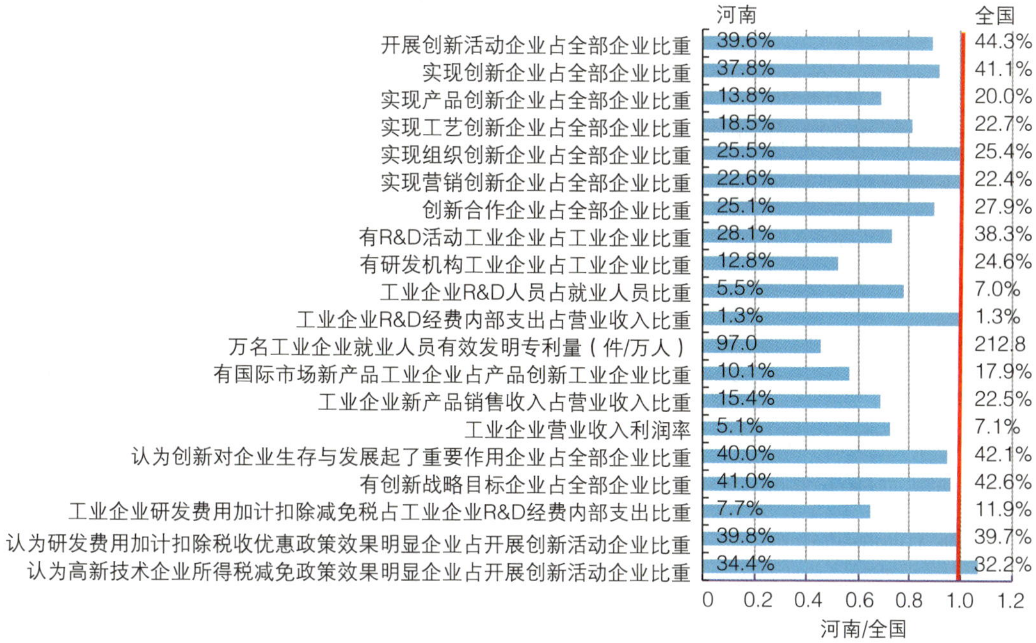

图5-31　河南企业创新能力：与全国对比

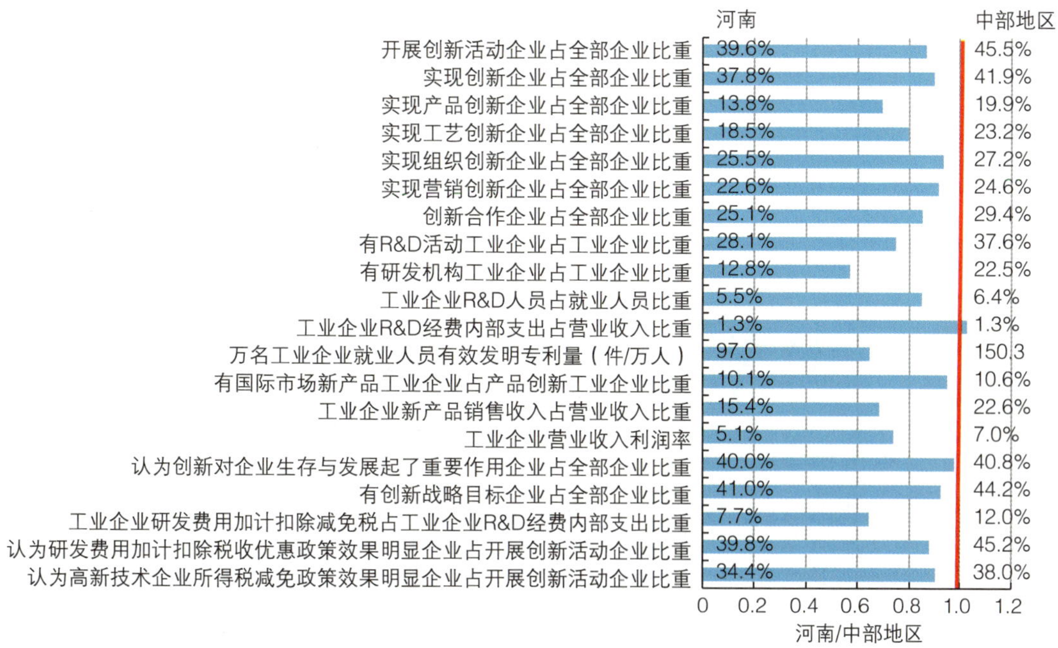

图5-32　河南企业创新能力：与中部地区对比

17.湖北

湖北有 18 个指标高于全国平均水平，认为高新技术企业所得税减免政策效果明显企业占开展创新活动企业比重、工业企业营业收入利润率、工业企业新产品销售收入占营业收入比重表现较为突出，分别为全国平均水平的 126.1%、122.0% 和 118.9%；有国际市场新产品工业企业占产品创新工业企业比重表现欠佳，为全国平均水平的 58.1%（图 5–33）。

湖北有 18 个指标高于中部地区平均水平，万名工业企业就业人员有效发明专利量、工业企业营业收入利润率、有研发机构工业企业占工业企业比重优势较为明显，分别为中部地区平均水平的 142.9%、124.1% 和 120.1%；有国际市场新产品工业企业占产品创新工业企业比重、工业企业研发费用加计扣除减免税占工业企业 R&D 经费内部支出比重略低于中部地区平均水平，分别为中部地区平均水平的 98.1% 和 98.4%（图 5–34）。

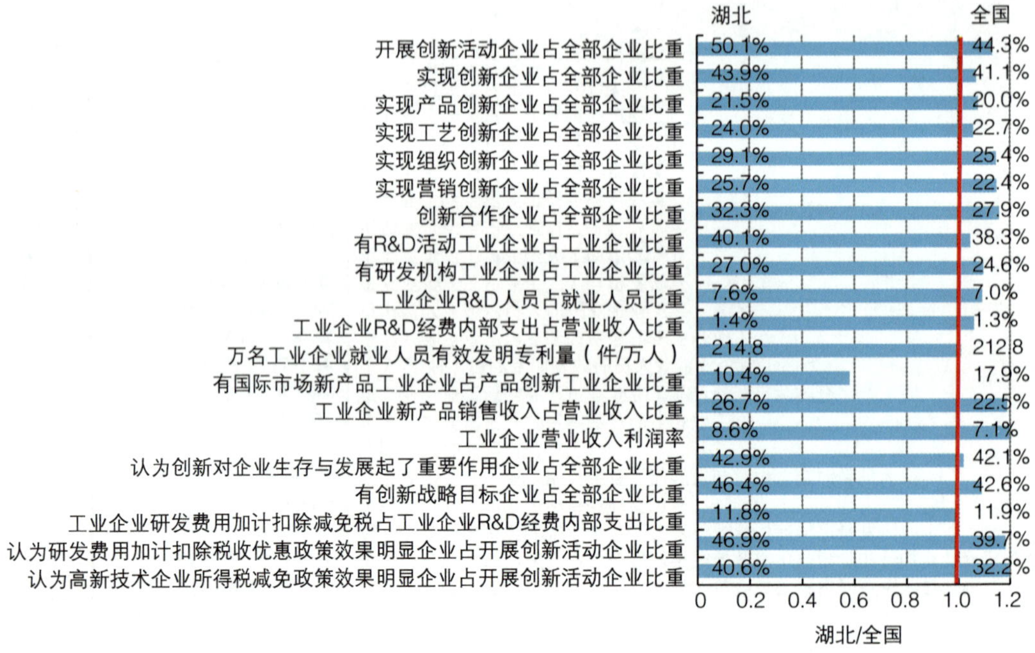

图5–33 湖北企业创新能力：与全国对比

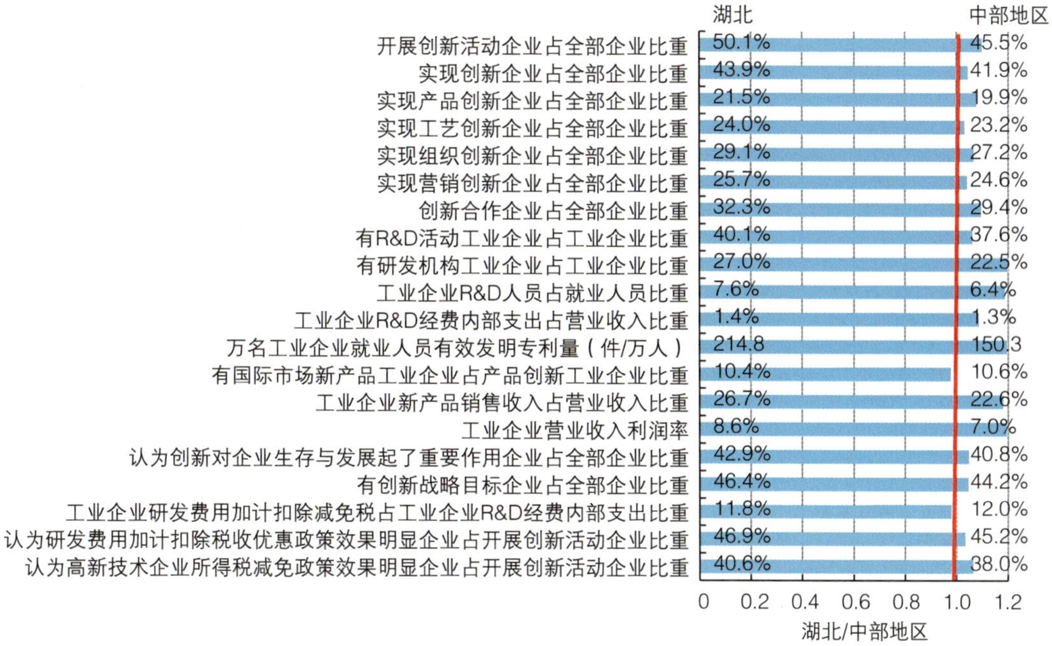

图5-34　湖北企业创新能力：与中部地区对比

18.湖南

湖南有 14 个指标高于全国平均水平，认为高新技术企业所得税减免政策效果明显企业占开展创新活动企业比重、认为研发费用加计扣除税收优惠政策效果明显企业占开展创新活动企业比重、有 R&D 活动工业企业占工业企业比重优势较为明显，分别为全国平均水平的 148.1%、135.5% 和 135.2%；有国际市场新产品工业企业占产品创新工业企业比重、有研发机构工业企业占工业企业比重、万名工业企业就业人员有效发明专利量较为落后，分别为全国平均水平的 38.0%、58.4% 和 69.6%（图 5–35）。

湖南有 14 个指标高于中部地区平均水平，有 R&D 活动工业企业占工业企业比重、工业企业 R&D 经费内部支出占营业收入比重和认为高新技术企业所得税减免政策效果明显企业占开展创新活动企业比重表现突出，分别达到中部地区平均水平的 137.6%、136.2% 和 125.5%；有研发机构工业企业占工业企业比重和有国际市场新产品工业企业占产品创新工业企业比重有待提升，分别为中部地区平均水平的 63.9% 和 64.2%（图 5–36）。

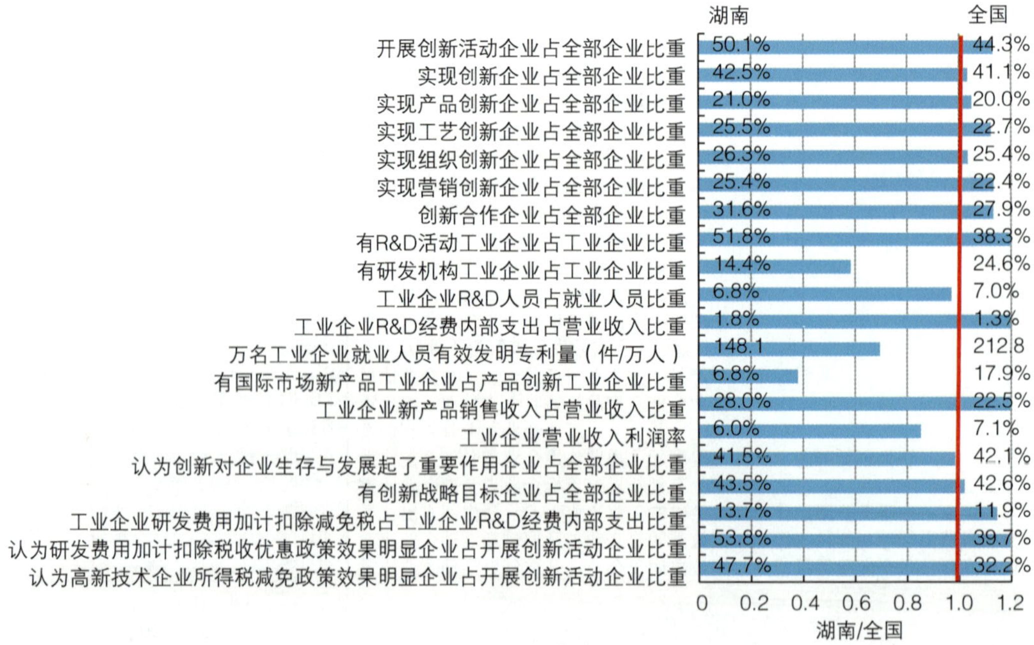

图5-35 湖南企业创新能力：与全国对比

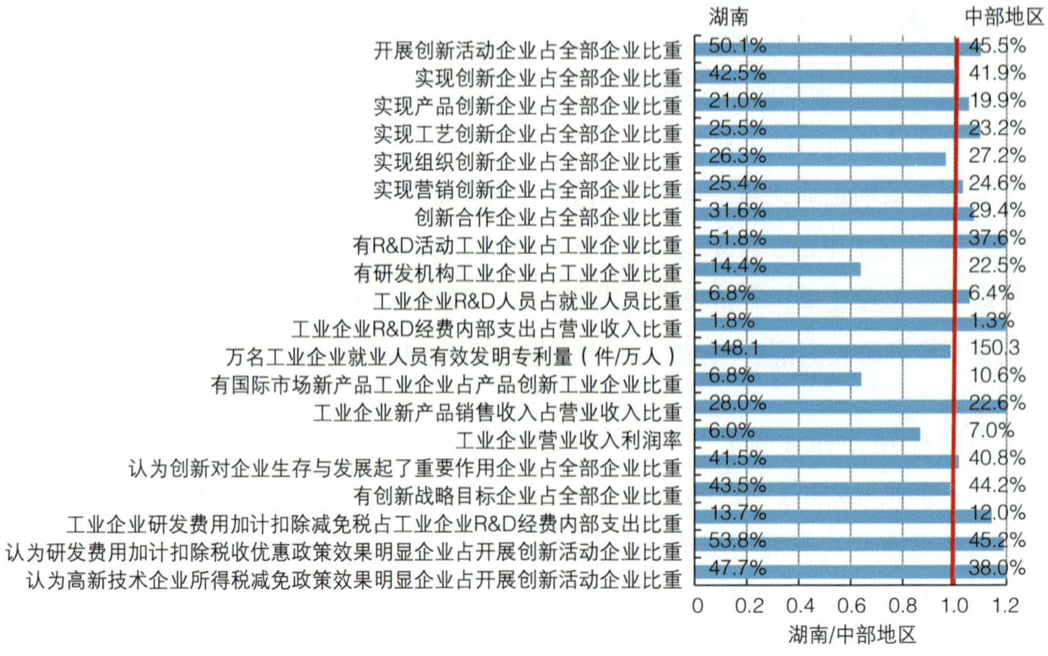

图5-36 湖南企业创新能力：与中部地区对比

19.广东

广东有 19 个指标高于全国平均水平，呈创新引领之势。有研发机构工业企业占工业企业比重、万名工业企业就业人员有效发明专利量、有国际市场新产品工业企业占产品创新工业企业比重优势明显，分别达到全国平均水平的 185.4%、177.6% 和 157.0%；工业企业营业收入利润率略有不足，为全国平均水平的 91.9%（图 3–37）。

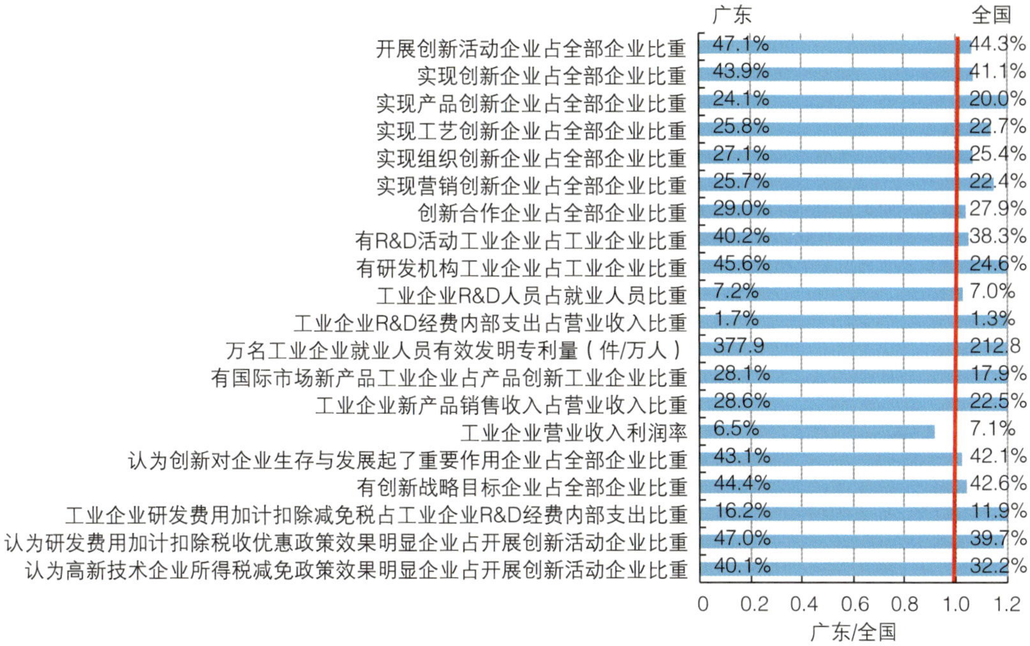

图5–37　广东企业创新能力：与全国对比

广东有 16 个指标高于东部地区平均水平，有研发机构工业企业占工业企业比重、万名工业企业就业人员有效发明专利量和有国际市场新产品工业企业占产品创新工业企业比重表现突出，分别为东部地区平均水平的 154.1%、146.2% 和 131.3%；工业企业 R&D 人员占就业人员比重、工业企业营业收入利润率、有 R&D 活动工业企业占工业企业比重稍显不足，分别为东部地区平均水平的 92.3%、95.6% 和 95.7%（图 5–38）。

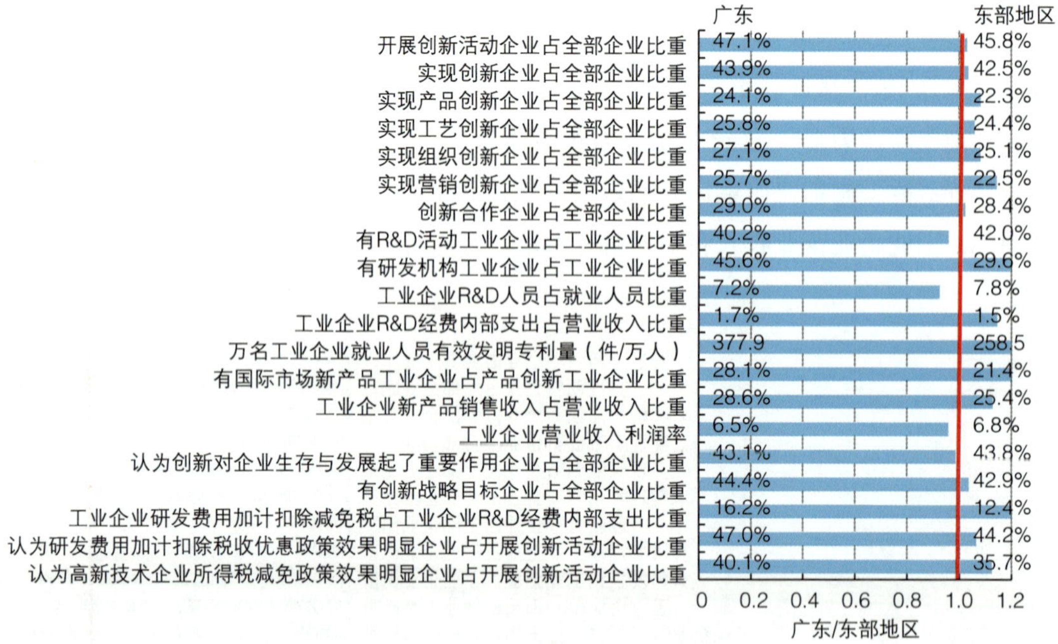

图5-38 广东企业创新能力：与东部地区对比

20.广西

广西有 1 个指标高于全国平均水平，工业企业研发费用加计扣除减免税占工业企业 R&D 经费内部支出比重表现突出，为全国平均水平的 141.9%；有研发机构工业企业占工业企业比重、有 R&D 活动工业企业占工业企业比重和工业企业 R&D 经费内部支出占营业收入比重表现不佳，分别仅为全国平均水平的 32.4%、44.8% 和 46.2%（图 5–39）。

广西有 3 个指标高于西部地区平均水平，工业企业研发费用加计扣除减免税占工业企业 R&D 经费内部支出比重、工业企业新产品销售收入占营业收入比重、有国际市场新产品工业企业占产品创新工业企业比重表现较为突出，分别为西部地区平均水平的 184.7%、117.7% 和 105.9%；工业企业营业收入利润率、有 R&D 活动工业企业占工业企业比重和工业企业 R&D 人员占就业人员比重相对落后，分别达到西部地区平均水平的 64.5%、65.9% 和 68.8%（图 5–40）。

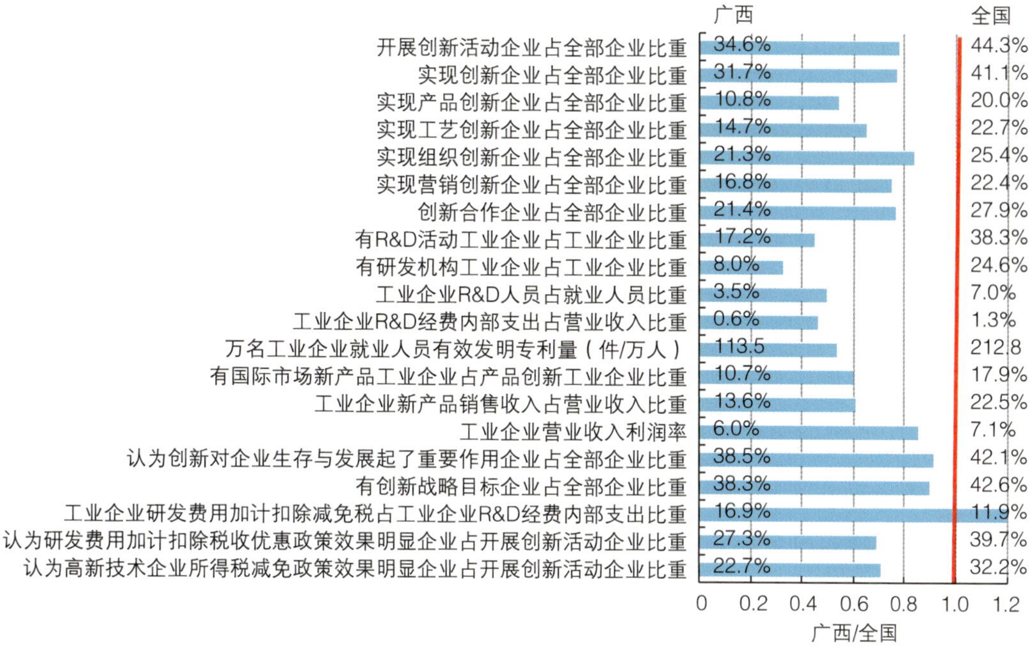

图5-39　广西企业创新能力：与全国对比

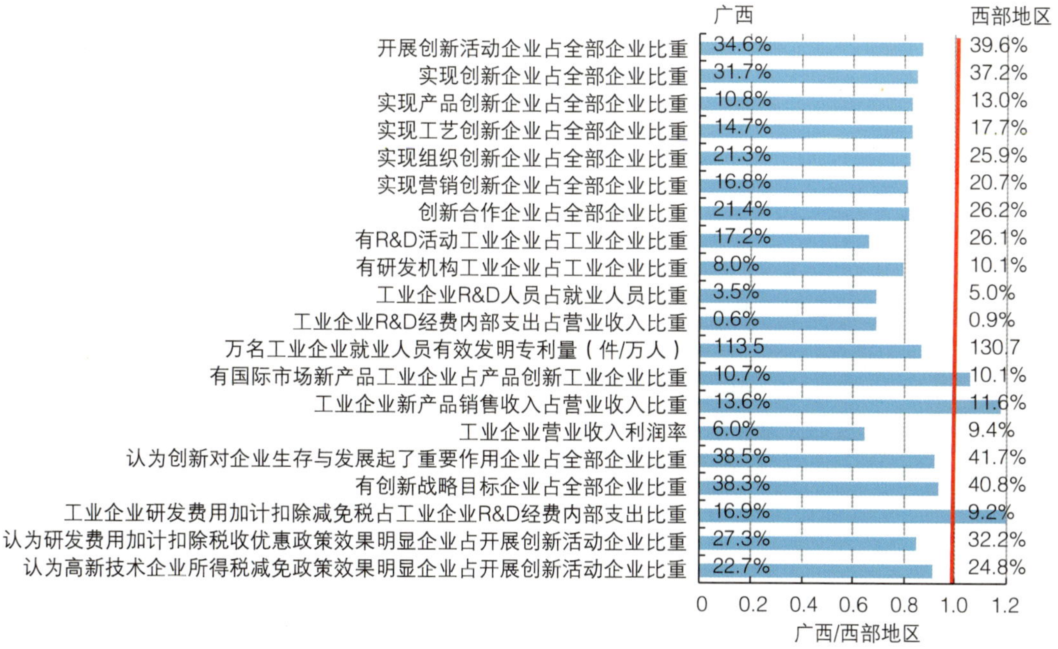

图5-40　广西企业创新能力：与西部地区对比

21.海南

海南有 2 个指标高于全国平均水平，工业企业研发费用加计扣除减免税占工业企业 R&D 经费内部支出比重、工业企业营业收入利润率优势明显，分别为全国平均水平的 254.5% 和 112.4%；实现产品创新企业占全部企业比重、工业企业 R&D 经费内部支出占营业收入比重和有研发机构工业企业占工业企业比重较为落后，分别仅为全国平均水平的 37.5%、39.7% 和 40.4%（图 5−41）。

海南有 2 个指标高于东部地区平均水平，工业企业研发费用加计扣除减免税占工业企业 R&D 经费内部支出比重优势明显，工业企业营业收入利润率表现较好，分别为东部地区平均水平的 244.4% 和 117.0%；有研发机构工业企业占工业企业比重、实现产品创新企业占全部企业比重和工业企业新产品销售收入占营业收入比重较为落后，分别仅为东部地区平均水平的 33.6%、33.6% 和 36.0%（图 5−42）。

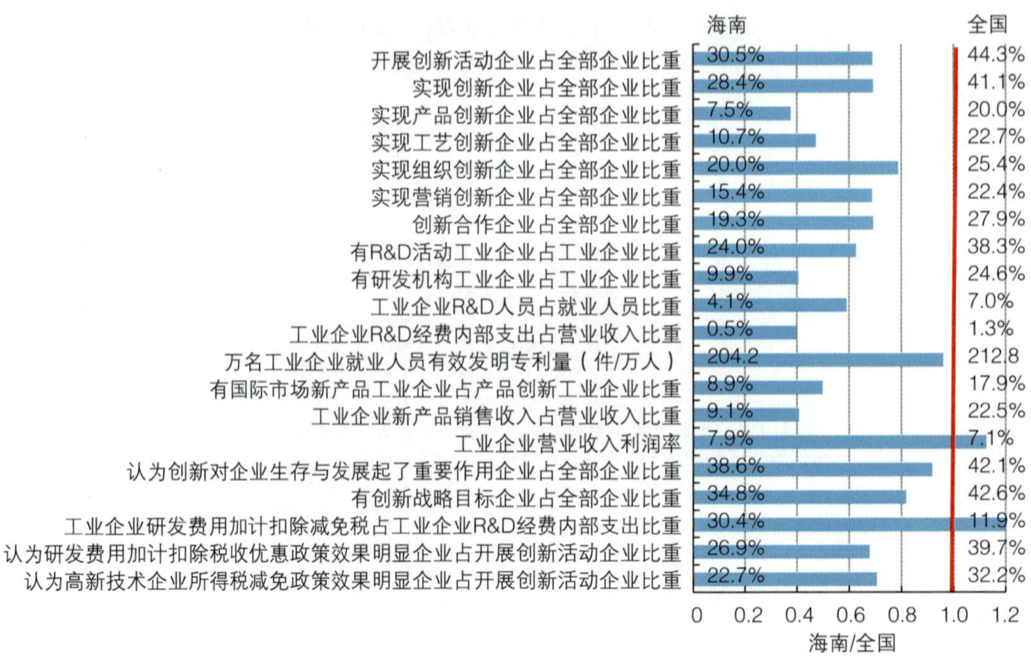

图5−41　海南企业创新能力：与全国对比

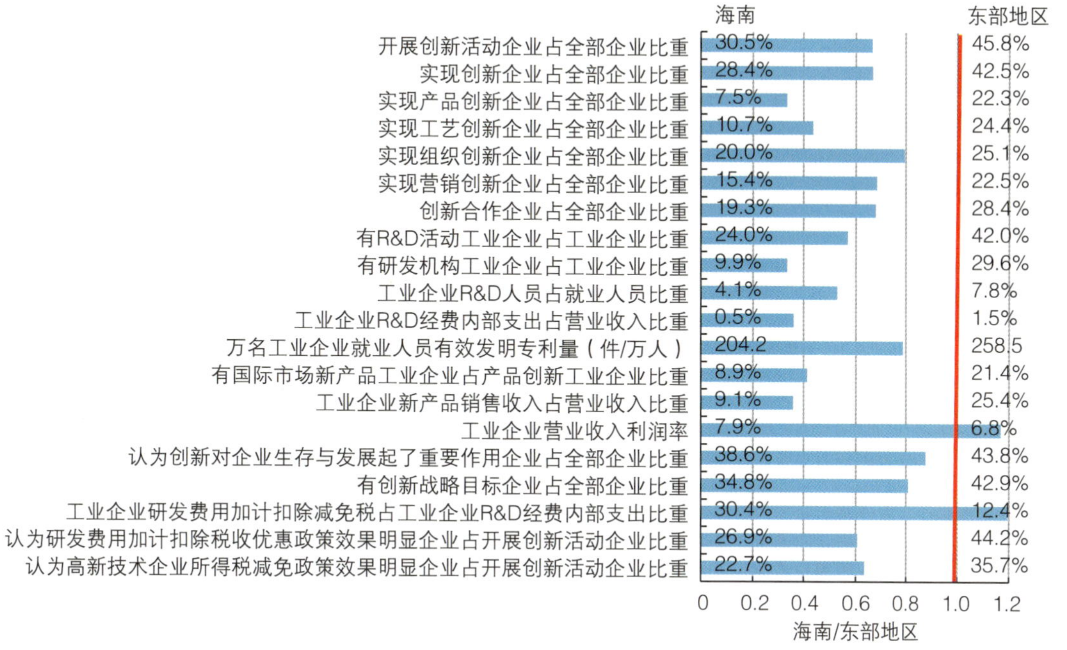

图5-42　海南企业创新能力：与东部地区对比

22.重庆

重庆有 15 个指标高于全国平均水平，有 R&D 活动工业企业占工业企业比重、工业企业 R&D 人员占就业人员比重、工业企业 R&D 经费内部支出占营业收入比重表现较好，分别为全国平均水平的 119.9%、119.2% 和 115.7%；工业企业研发费用加计扣除减免税占工业企业 R&D 经费内部支出比重、有国际市场新产品工业企业占产品创新工业企业比重、万名工业企业就业人员有效发明专利量有待提升，分别为全国平均水平的 54.3%、60.9% 和 72.7%（图 5–43）。

重庆有 18 个指标高于西部地区平均水平，具有引领西部地区创新的实力。有研发机构工业企业占工业企业比重、工业企业新产品销售收入占营业收入比重和有 R&D 活动工业企业占工业企业比重优势非常明显，分别为西部地区平均水平的 236.2%、219.5% 和 176.3%；工业企业研发费用加计扣除减免税占工业企业 R&D 经费内部支出比重和工业企业营业收入利润率有待提高，分别为西部地区平均水平的 70.4% 和 82.6%（图 5–44）。

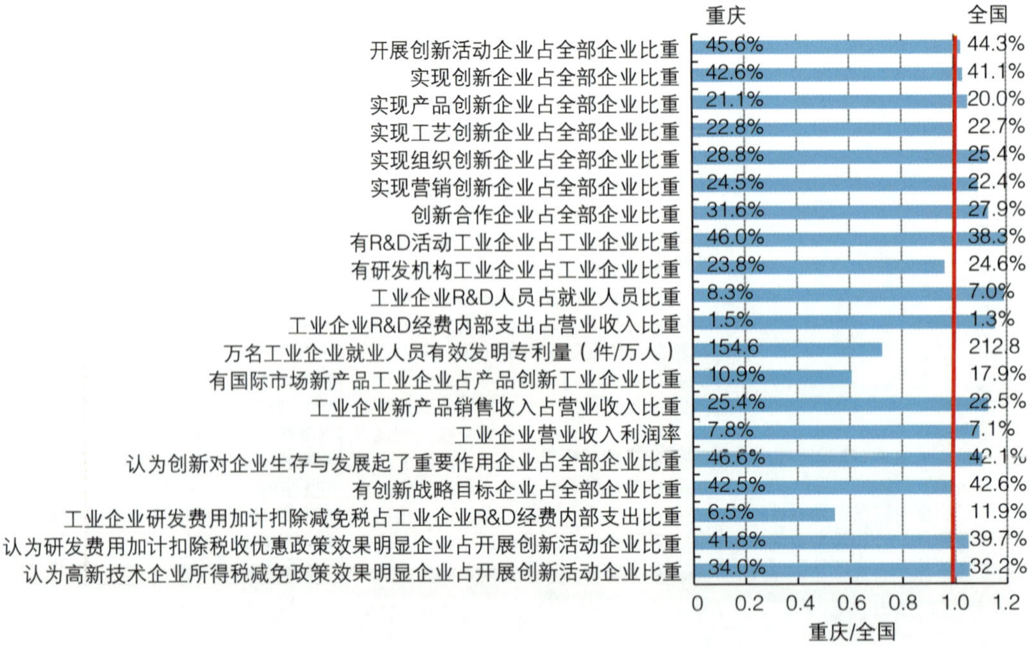

图5-43　重庆企业创新能力：与全国对比

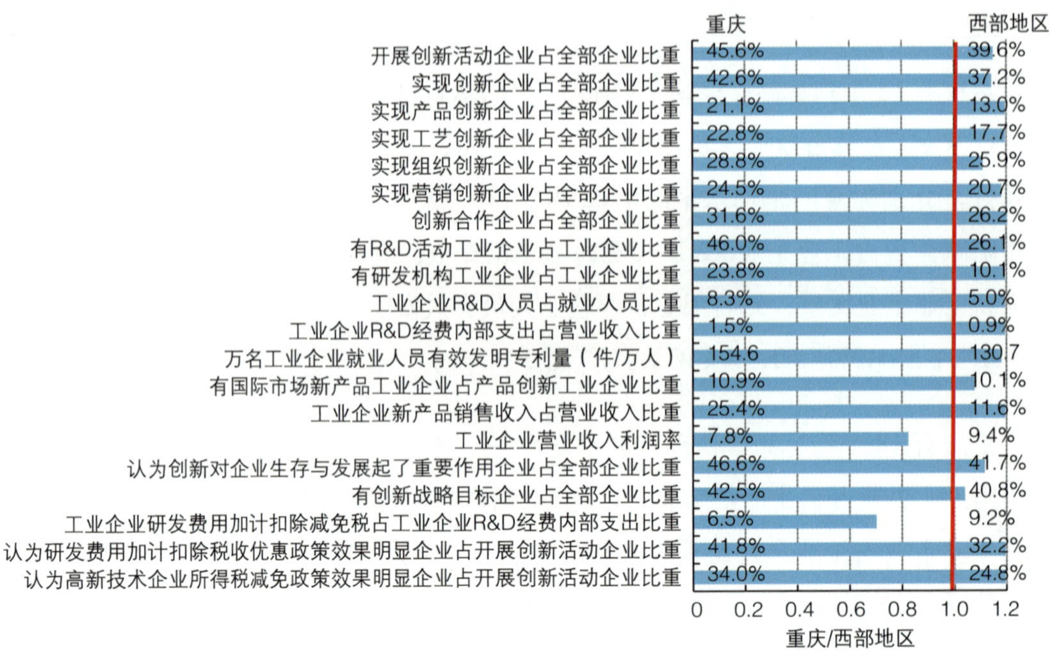

图5-44　重庆企业创新能力：与西部地区对比

23.四川

四川有 7 个指标高于全国平均水平，工业企业营业收入利润率、实现组织创新企业占全部企业比重和创新合作企业占全部企业比重表现较好，分别为全国平均水平的 118.6%、111.8% 和 105.0%；有研发机构工业企业占工业企业比重、工业企业新产品销售收入占营业收入比重、有国际市场新产品工业企业占产品创新工业企业比重较为落后，分别仅为全国平均水平的 41.9%、50.3% 和 58.1%（图 5–45）。

四川有 17 个指标高于西部地区平均水平，实现产品创新企业占全部企业比重、万名工业企业就业人员有效发明专利量和实现工艺创新企业占全部企业比重具有优势，分别为西部地区平均水平的 121.5%、120.6% 和 118.6%；工业企业营业收入利润率有待提高，为西部地区平均水平的 89.4%（图 5–46）。

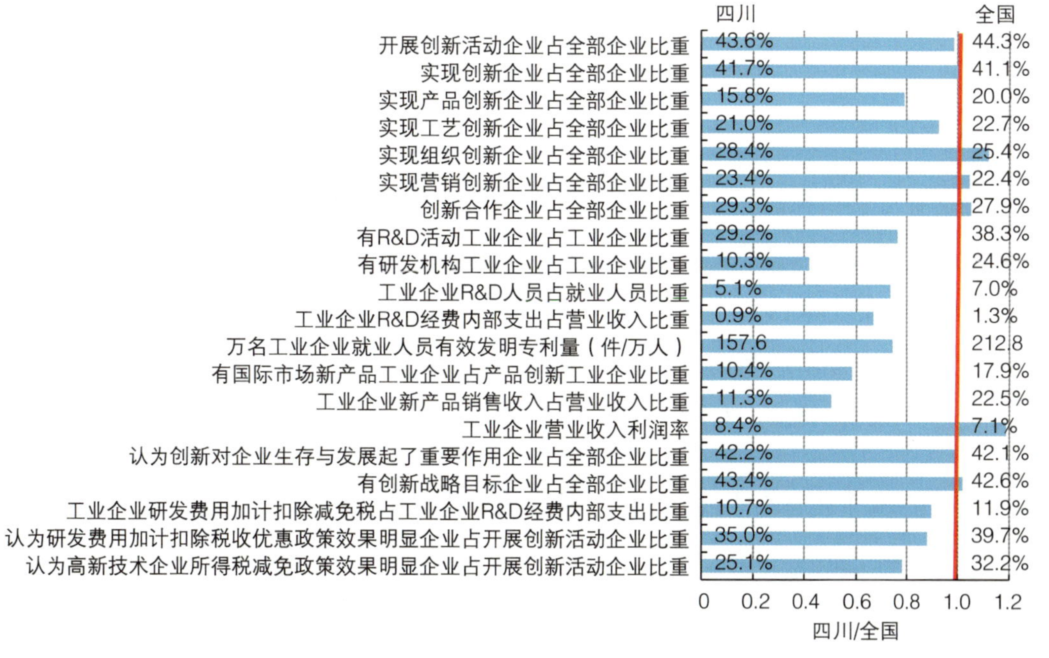

图5–45 四川企业创新能力：与全国对比

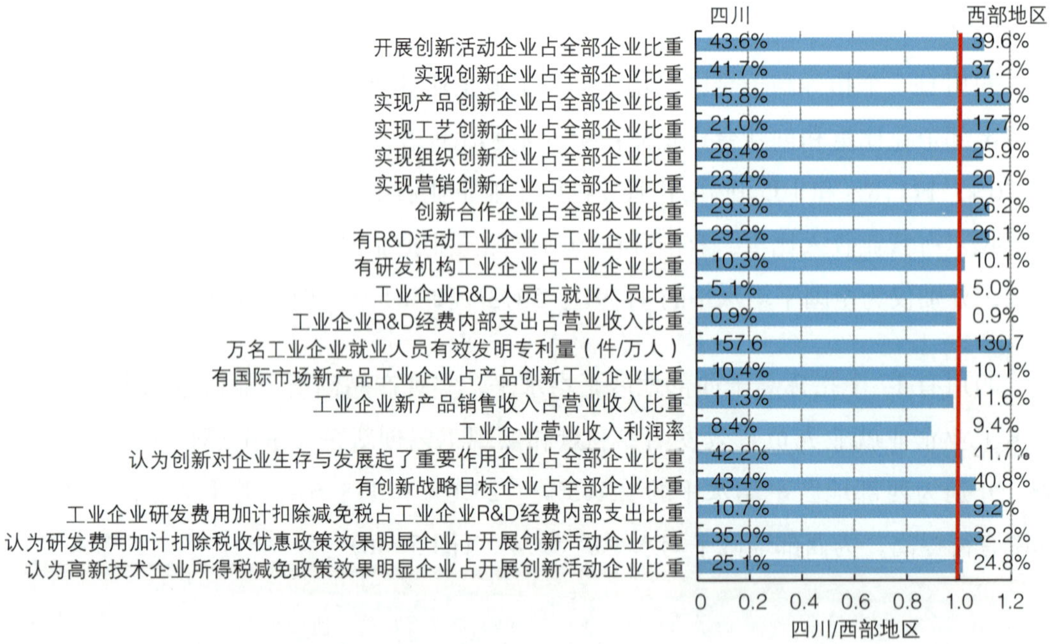

图5-46 四川企业创新能力：与西部地区对比

24.贵州

贵州有 2 个指标高于全国平均水平，工业企业营业收入利润率表现突出，实现组织创新企业占全部企业比重表现较好，分别为全国平均水平的 168.1%、106.7%；有研发机构工业企业占工业企业比重、有国际市场新产品工业企业占产品创新工业企业比重、工业企业新产品销售收入占营业收入比重较为落后，分别为全国平均水平的 35.5%、39.1% 和 43.2%（图 5–47）。

贵州有 10 个指标高于西部地区平均水平，工业企业 R&D 经费内部支出占营业收入比重、工业企业营业收入利润率、有 R&D 活动工业企业占工业企业比重表现较为突出，分别为西部地区平均水平的 128.9%、126.7% 和 119.9%；工业企业研发费用加计扣除减免税占工业企业 R&D 经费内部支出比重、有国际市场新产品工业企业占产品创新工业企业比重相对落后，分别仅为西部地区平均水平的 66.2% 和 69.3%（图 5–48）。

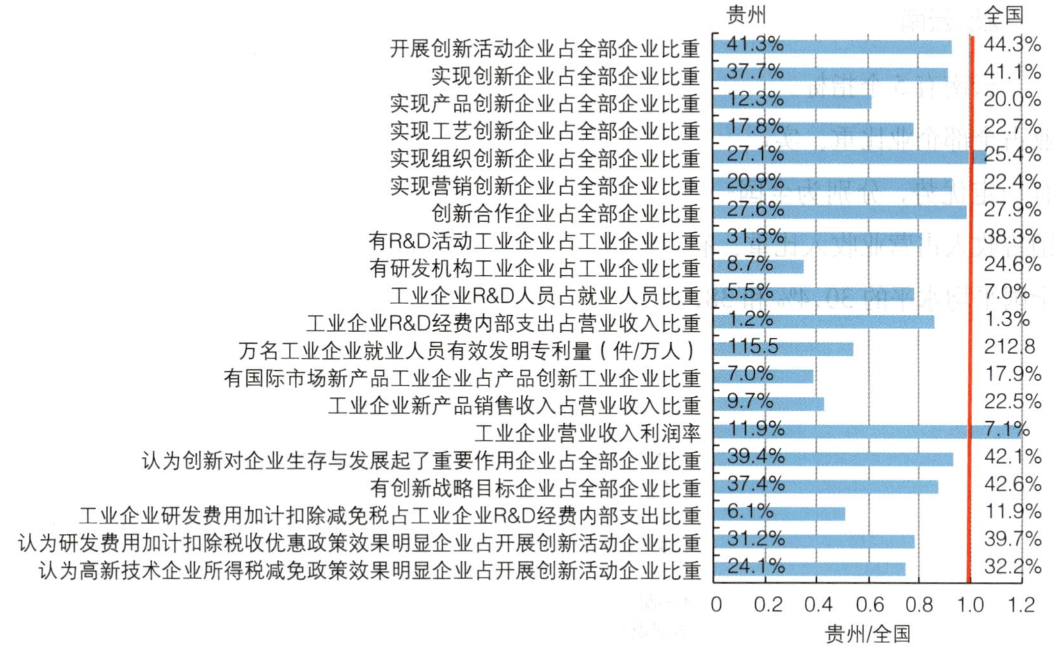

图5-47　贵州企业创新能力：与全国对比

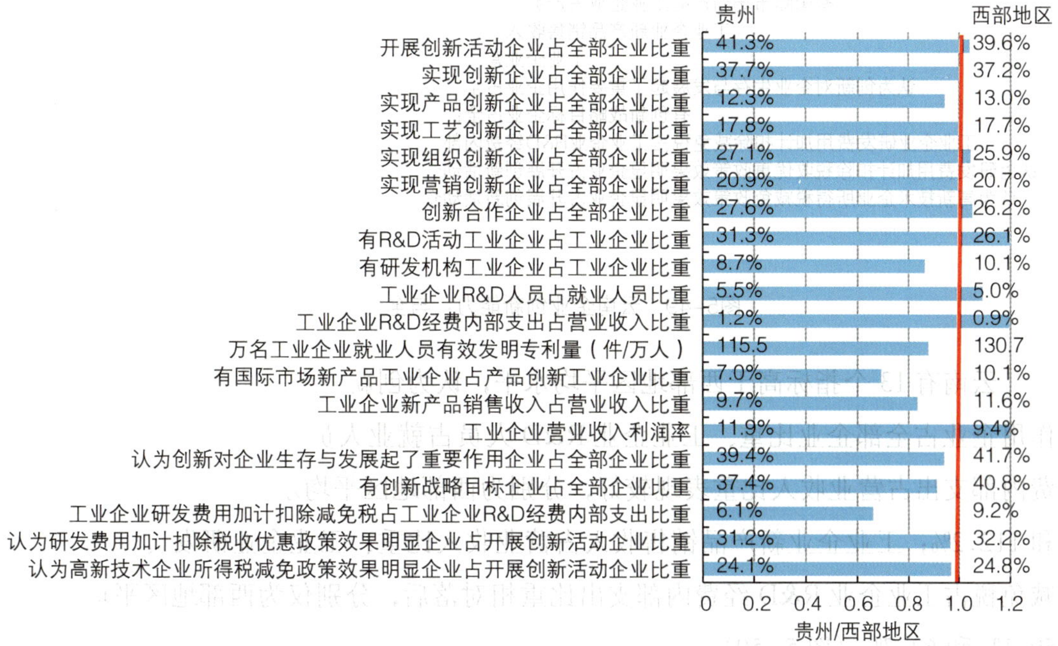

图5-48　贵州企业创新能力：与西部地区对比

25.云南

云南有 5 个指标高于全国平均水平，认为创新对企业生存与发展起了重要作用企业占全部企业比重、实现组织创新企业占全部企业比重、工业企业营业收入利润率具有一定优势，分别为全国平均水平的 114.3%、109.8% 和 109.0%；工业企业新产品销售收入占营业收入比重、有研发机构工业企业占工业企业比重表现不佳，分别仅为全国平均水平的 30.4% 和 38.9%（图 5–49）。

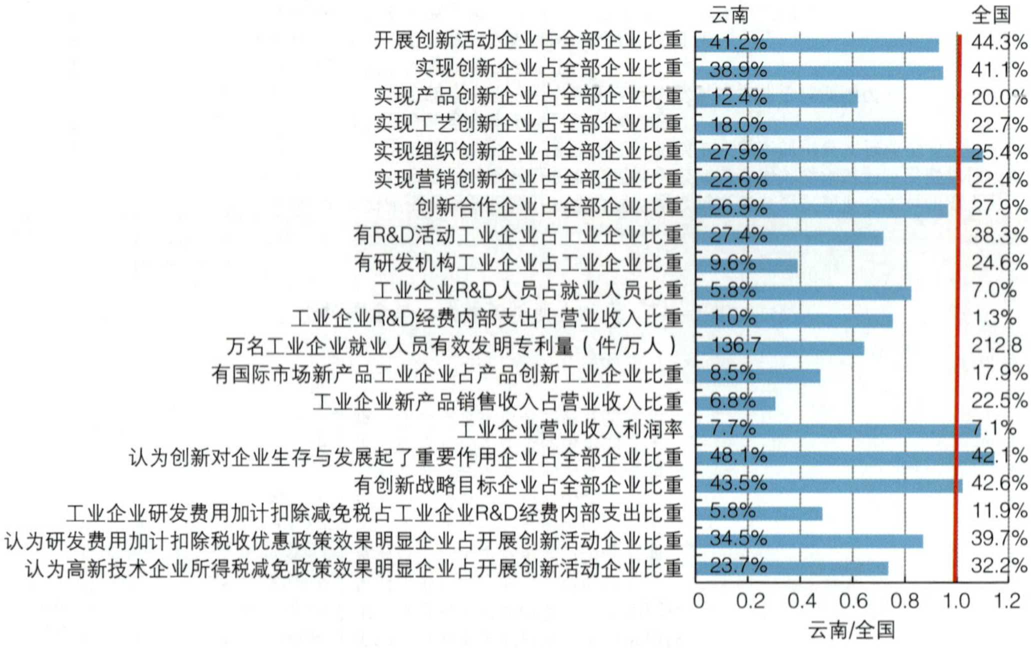

图5–49 云南企业创新能力：与全国对比

云南有 13 个指标高于西部地区平均水平，认为创新对企业生存与发展起了重要作用企业占全部企业比重、工业企业 R&D 人员占就业人员比重、工业企业 R&D 经费内部支出占营业收入比重表现较好，分别为西部地区平均水平的 115.3%、114.5% 和 112.2%；工业企业新产品销售收入占营业收入比重、工业企业研发费用加计扣除减免税占工业企业 R&D 经费内部支出比重相对落后，分别仅为西部地区平均水平的 59.1% 和 62.7%（图 5–50）。

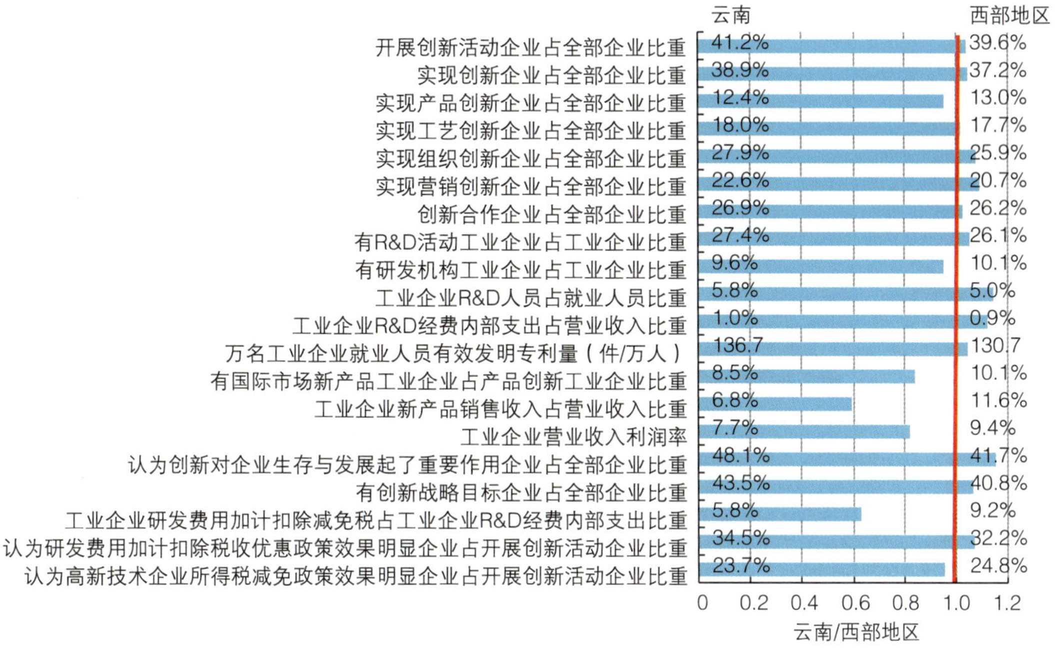

图5-50　云南企业创新能力：与西部地区对比

26.西藏

西藏有 2 个指标高于全国平均水平，工业企业营业收入利润率优势明显，实现组织创新企业占全部企业比重略占优势，分别为全国平均水平的 170.5% 和 107.9%；工业企业新产品销售收入占营业收入比重、有研发机构工业企业占工业企业比重明显落后，分别仅为全国平均水平的 5.8% 和 6.6%（图 5–51）。

西藏有 5 个指标高于西部地区平均水平，工业企业营业收入利润率、实现组织创新企业占全部企业比重表现较好，分别为西部地区平均水平的 128.5% 和 105.8%；工业企业新产品销售收入占营业收入比重、有研发机构工业企业占工业企业比重、有 R&D 活动工业企业占工业企业比重明显偏低，分别仅为西部地区平均水平的 11.3%、16.0% 和 30.9%（图 5–52）。

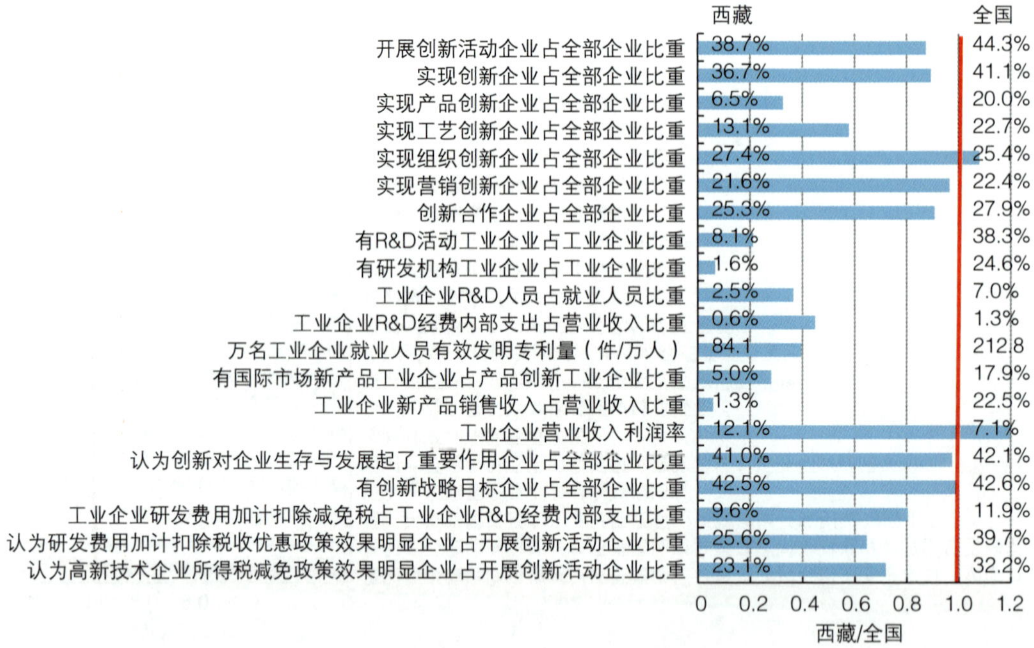

图5-51 西藏企业创新能力：与全国对比

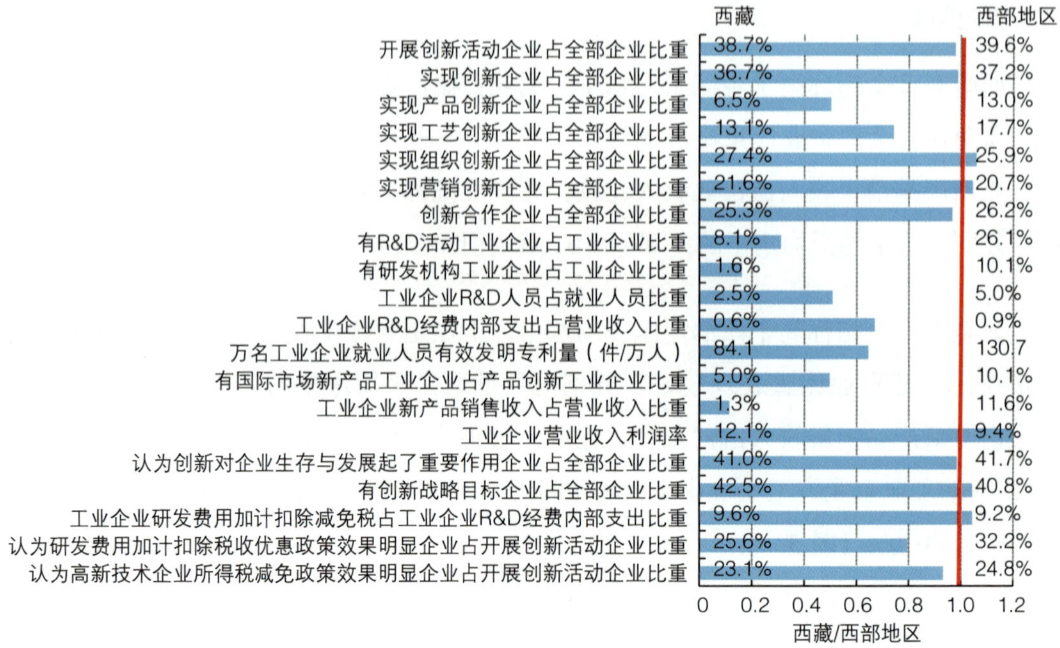

图5-52 西藏企业创新能力：与西部地区对比

27.陕西

陕西有 2 个指标高于全国平均水平，工业企业营业收入利润率优势明显，实现组织创新企业占全部企业比重表现较为突出，分别为全国平均水平的 168.1%、107.5%；有研发机构工业企业占工业企业比重、有 R&D 活动工业企业占工业企业比重、工业企业新产品销售收入占营业收入比重较为落后，分别仅为全国平均水平的 29.2%、53.7% 和 54.3%（图 5–53）。

陕西有 15 个指标高于西部地区平均水平，工业企业营业收入利润率、万名工业企业就业人员有效发明专利量、工业企业 R&D 经费内部支出占营业收入比重表现较好，分别为西部地区平均水平的 126.7%、115.2% 和 114.7%；有研发机构工业企业占工业企业比重、有 R&D 活动工业企业占工业企业比重相对落后，分别仅为西部地区平均水平的 71.4% 和 78.9%（图 5–54）。

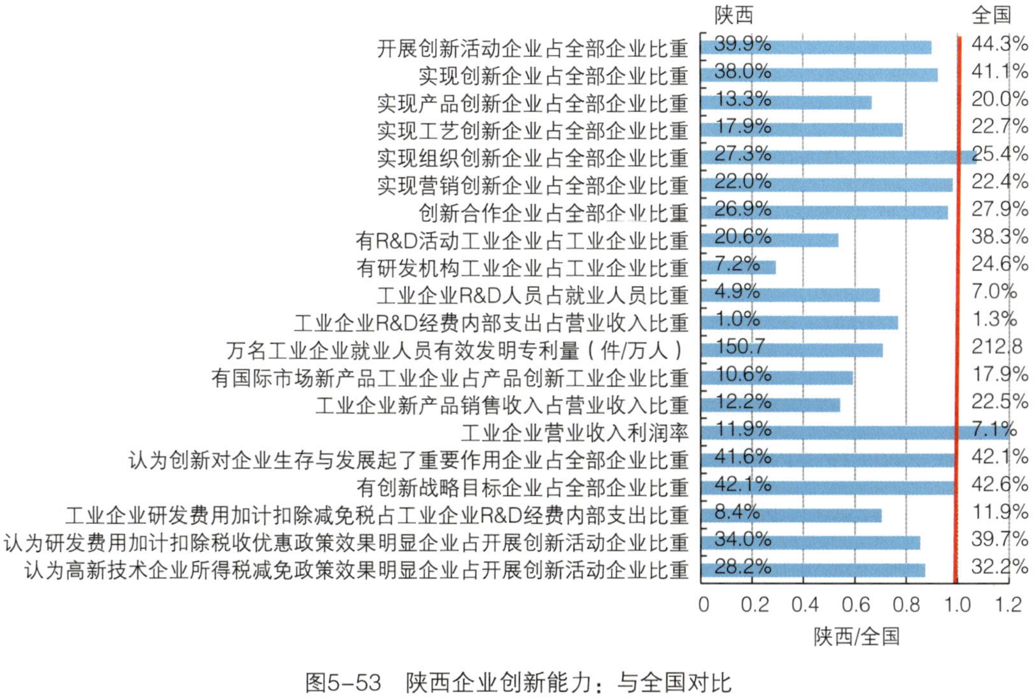

图5–53 陕西企业创新能力：与全国对比

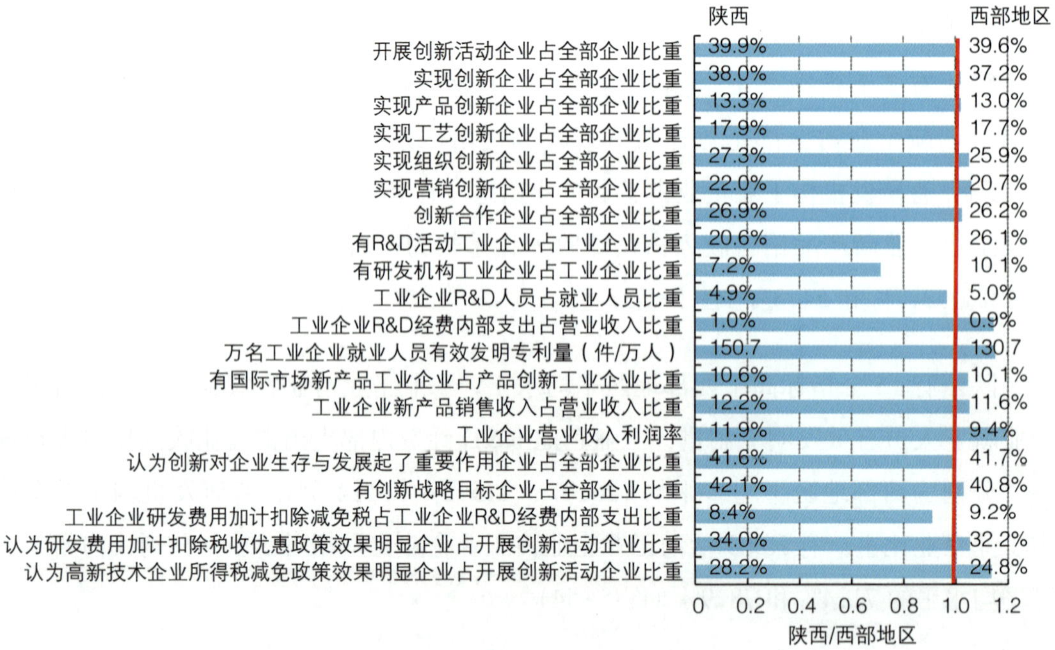

图5-54 陕西企业创新能力：与西部地区对比

28.甘肃

甘肃有 2 个指标高于全国平均水平，实现组织创新企业占全部企业比重、有创新战略目标企业占全部企业比重稍高于全国平均水平，分别为全国平均水平的 106.7% 和 102.1%；有研发机构工业企业占工业企业比重、工业企业新产品销售收入占营业收入比重较为落后，分别仅为全国平均水平的 25.3% 和 33.9%（图 5–55）。

甘肃有 7 个指标高于西部地区平均水平，工业企业研发费用加计扣除减免税占工业企业 R&D 经费内部支出比重、有国际市场新产品工业企业占产品创新工业企业比重、有创新战略目标企业占全部企业比重略占优势，分别为西部地区平均水平的 116.4%、106.9% 和 106.6%；工业企业营业收入利润率、有研发机构工业企业占工业企业比重、工业企业新产品销售收入占营业收入比重相对落后，分别仅为西部地区平均水平的 57.9%、61.9% 和 65.9%（图 5–56）。

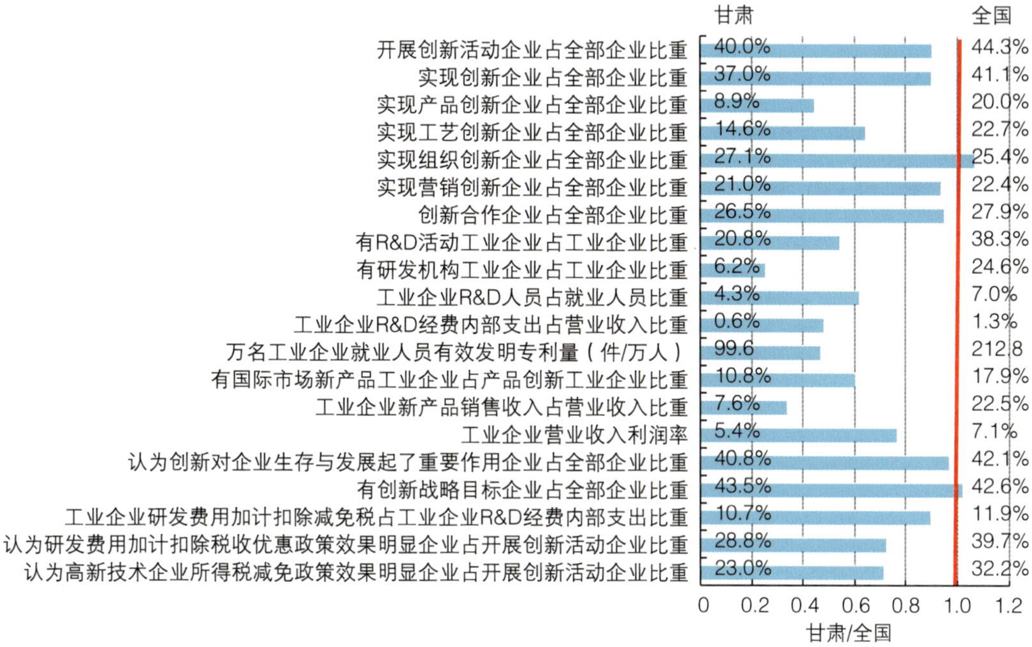

图5-55　甘肃企业创新能力：与全国对比

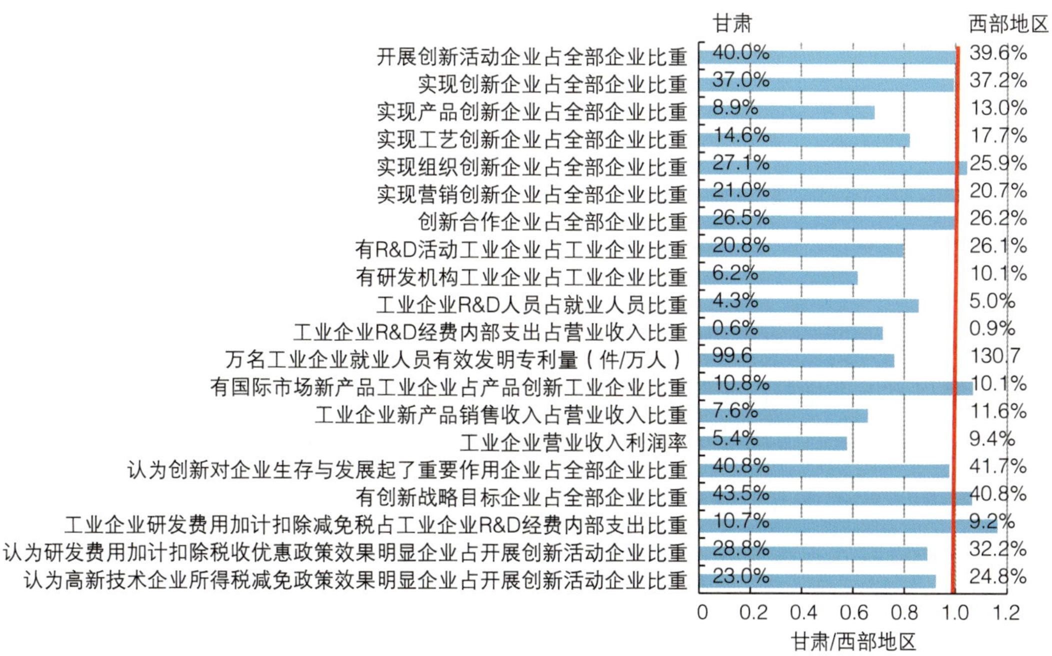

图5-56　甘肃企业创新能力：与西部地区对比

29.青海

青海有 2 个指标高于全国平均水平，工业企业研发费用加计扣除减免税占工业企业 R&D 经费内部支出比重、工业企业营业收入利润率优势明显，分别为全国平均水平的 146.3% 和 130.5%；有研发机构工业企业占工业企业比重、工业企业新产品销售收入占营业收入比重、工业企业 R&D 人员占就业人员比重明显偏低，分别仅为全国平均水平的 14.8%、23.6% 和 31.7%（图 5–57）。

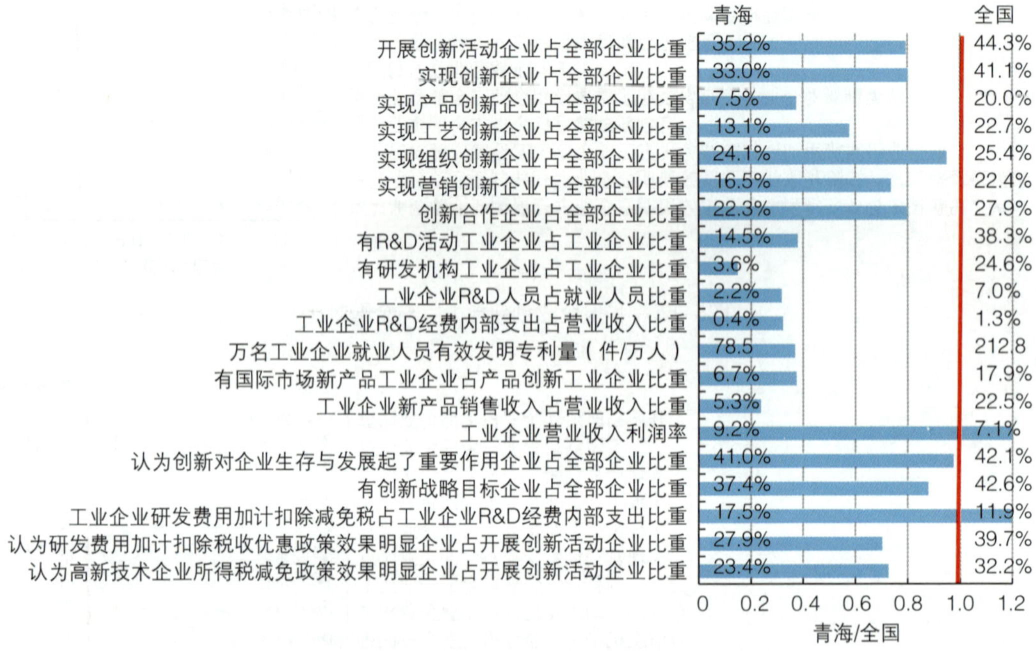

图5–57 青海企业创新能力：与全国对比

青海仅有 1 个指标高于西部地区平均水平，工业企业研发费用加计扣除减免税占工业企业 R&D 经费内部支出比重优势非常明显，为西部地区平均水平的 189.8%；有研发机构工业企业占工业企业比重、工业企业 R&D 人员占就业人员比重、工业企业新产品销售收入占营业收入比重较为落后，分别仅为西部地区平均水平的 36.1%、44.1% 和 45.9%（图 5–58）。

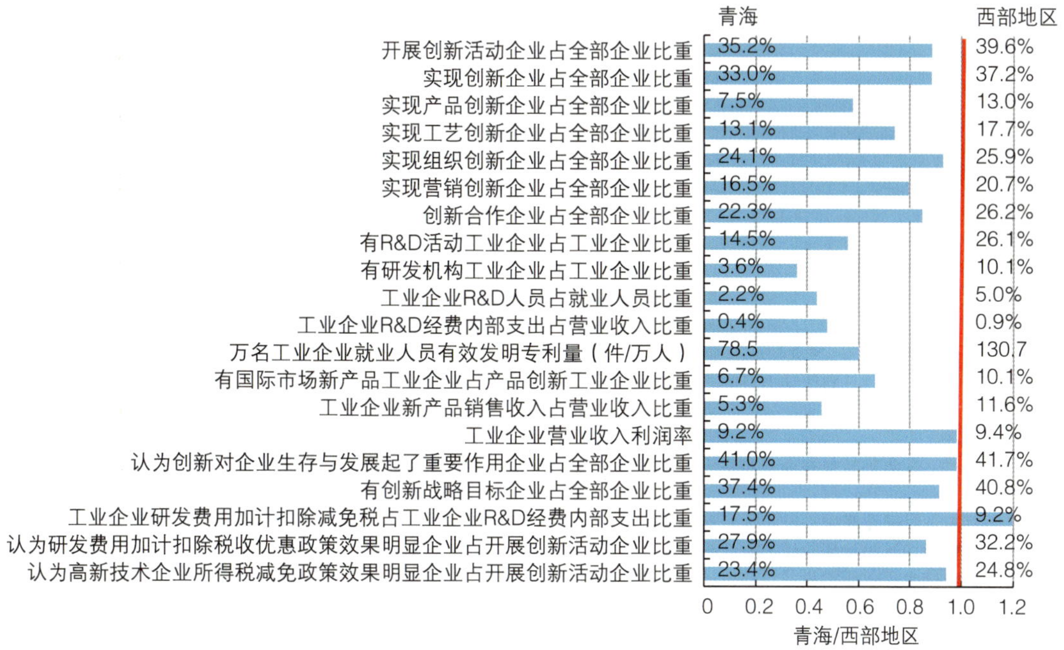

图5-58　青海企业创新能力：与西部地区对比

30.宁夏

宁夏有 8 个指标高于全国平均水平，实现组织创新企业占全部企业比重、有创新战略目标企业占全部企业比重、创新合作企业占全部企业比重略占优势，分别为全国平均水平的 112.2%、109.4% 和 109.3%；工业企业新产品销售收入占营业收入比重、有国际市场新产品工业企业占产品创新工业企业比重、万名工业企业就业人员有效发明专利量较为落后，分别仅为全国平均水平的 36.4%、43.0% 和 49.3%（图 5–59）。

宁夏有 14 个指标高于西部地区平均水平，有 R&D 活动工业企业占工业企业比重、有研发机构工业企业占工业企业比重、实现工艺创新企业占全部企业比重优势较为明显，分别为西部地区平均水平的 154.3%、147.3% 和 139.5%；工业企业新产品销售收入占营业收入比重、工业企业营业收入利润率、有国际市场新产品工业企业占产品创新工业企业比重仍有待提高，分别为西部地区平均水平的 70.7%、74.1% 和 76.2%（图 5–60）。

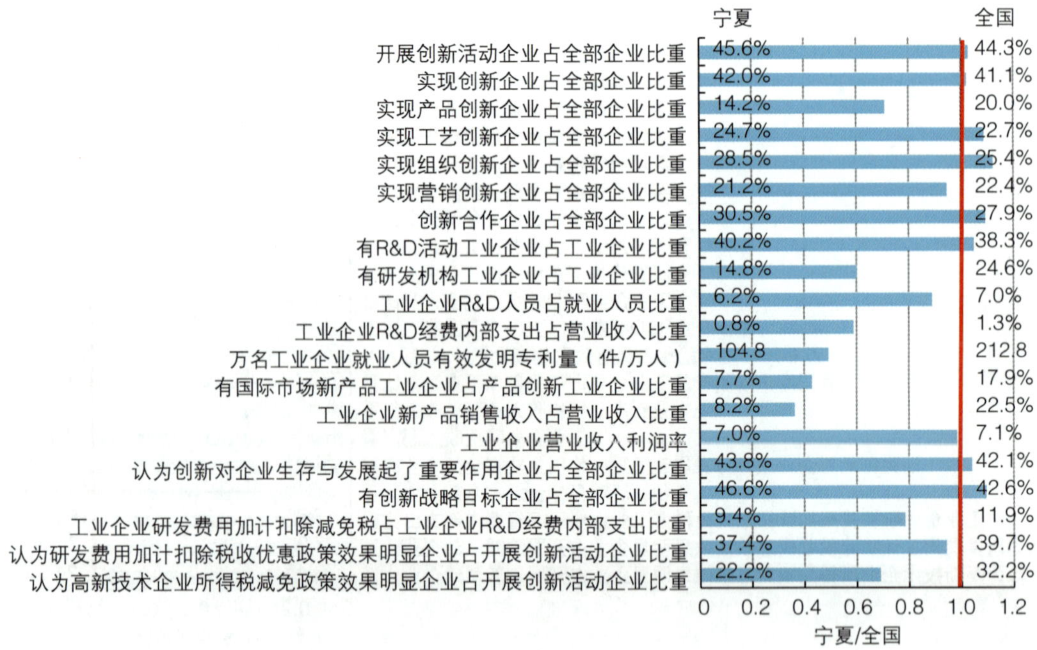

图5-59　宁夏企业创新能力：与全国对比

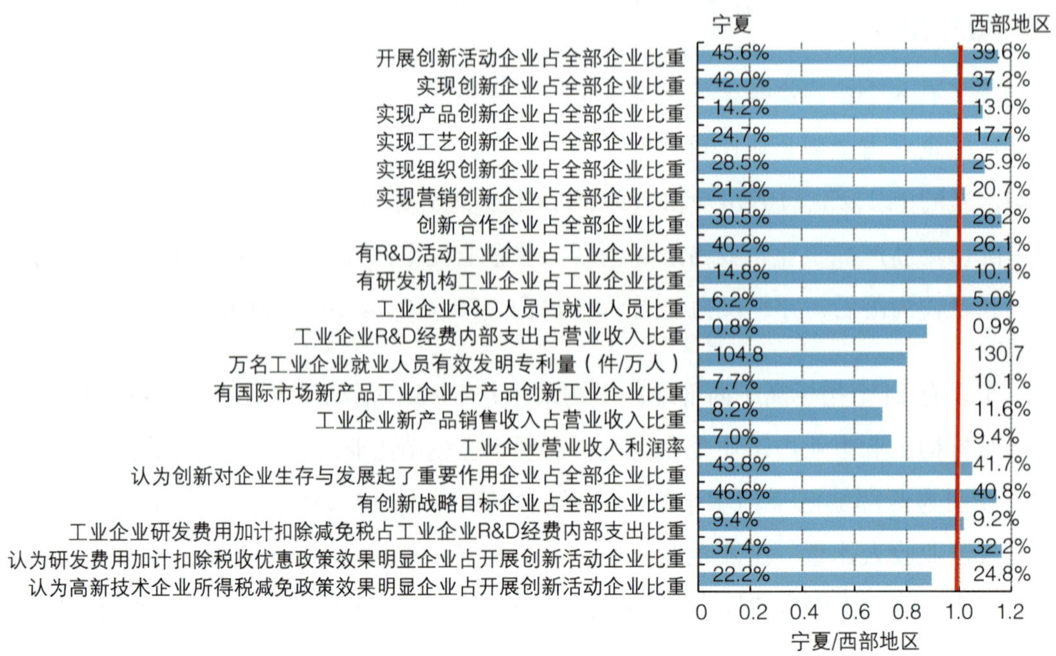

图5-60　宁夏企业创新能力：与西部地区对比

31.新疆

新疆有 2 个指标高于全国平均水平，工业企业营业收入利润率、工业企业研发费用加计扣除减免税占工业企业 R&D 经费内部支出比重优势明显，分别为全国平均水平的 176.7% 和 164.8%；有研发机构工业企业占工业企业比重、工业企业新产品销售收入占营业收入比重、有 R&D 活动工业企业占工业企业比重明显偏低，分别仅为全国平均水平的 11.6%、16.7% 和 19.7%（图 5–61）。

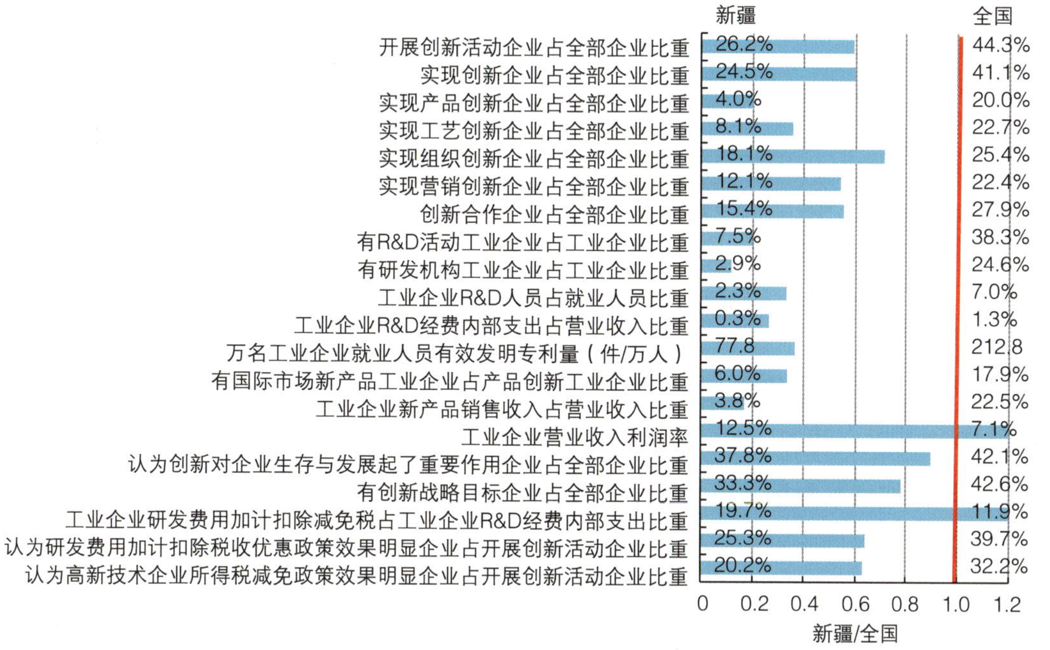

图5–61　新疆企业创新能力：与全国对比

新疆有 2 个指标高于西部地区平均水平，工业企业研发费用加计扣除减免税占工业企业 R&D 经费内部支出比重、工业企业营业收入利润率优势明显，分别为西部地区平均水平的 213.8% 和 133.2%；有研发机构工业企业占工业企业比重、有 R&D 活动工业企业占工业企业比重、实现产品创新企业占全部企业比重明显偏低，分别仅为西部地区平均水平的 28.5%、29.0% 和 30.8%（图 5–62）。

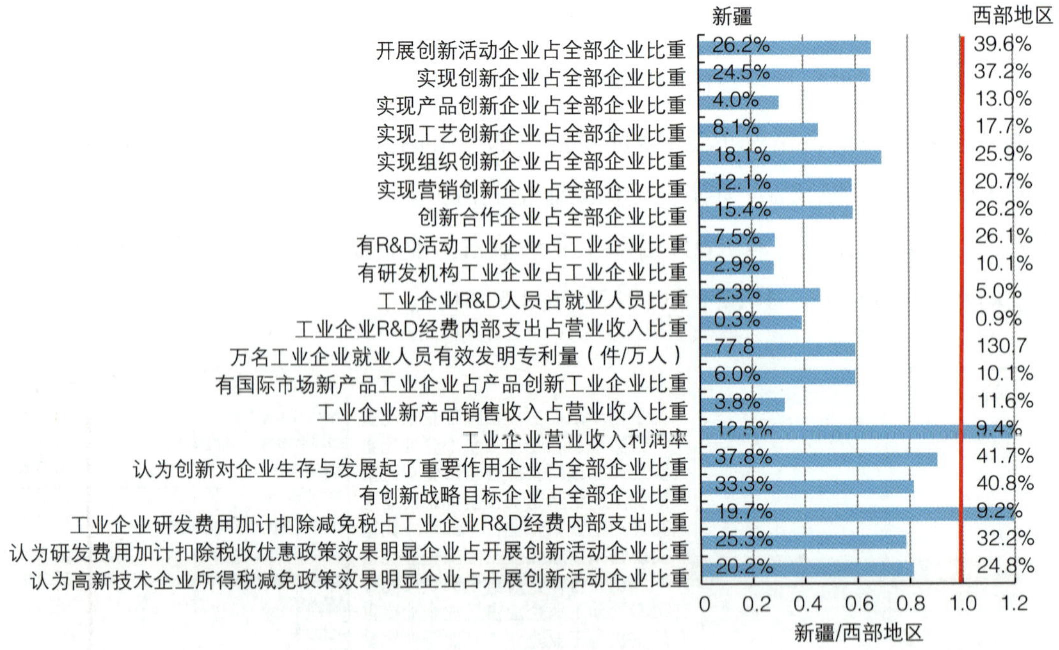

图5-62 新疆企业创新能力：与西部地区对比

总体来看，全国各省（区、市）企业创新能力差异明显。超过全国平均水平指标数在 10 个及以上的省（区、市）有 9 个，其中广东超过全国平均水平指标数达 19 个。超过全国平均水平指标数不足 3 个的省（区、市）有 16 个，其中河北、内蒙古、黑龙江、广西超过全国平均水平指标数只有 1 个（表 5–2）。

一些省（区、市）的企业创新水平在全国处于明显领先位置。广东超过全国平均水平指标数达到 19 个；安徽、湖北超过全国平均水平指标数达 18 个；江苏、浙江超过全国平均水平指标数达 17 个；江西、山东、湖南、重庆均有 10 个以上指标超过全国平均水平。

东部地区、中部地区、西部地区和东北地区均有引领区域发展的创新领先省（区、市）。浙江有 17 个指标超过东部地区平均水平；安徽有 19 个指标超过中部地区平均水平；重庆有 18 个指标超过西部地区平均水平；辽宁有 12 个指标超过东北地区平均水平。

与 2020 年相比，2021 年部分省（区、市）的企业创新能力指标波动较大。以全国平均水平为基准，领先指标数有所下降的省（区、市）有贵州、北京、辽宁、江苏、广东；领先指标数提升明显的省（区、市）有山东、湖北、重庆、四川；以地区平均水平为基准，领先指标数下降明显的省（区、市）有辽宁、贵州；领先指标数提升明显的省（区、市）有山东、湖北和陕西。

表5-2　各省（区、市）高于全国、地区平均水平的指标数量（2016—2021年）

省（区、市）	高于全国平均水平						高于地区平均水平					
	2021年	2020年	2019年	2018年	2017年	2016年	2021年	2020年	2019年	2018年	2017年	2016年
北京	9	10	9	12	11	14	7	8	7	8	10	10
天津	2	2	5	9	7	12	2	0	3	5	6	11
河北	1	1	2	0	1	5	0	0	0	0	0	3
山西	2	0	1	1	0	2	2	2	1	1	1	1
内蒙古	1	1	1	1	1	1	2	2	2	2	3	3
辽宁	2	3	3	3	4	5	12	16	15	16	18	11
吉林	2	1	2	1	2	2	10	9	10	5	3	9
黑龙江	1	0	1	1	0	0	4	4	2	1	3	5
上海	9	9	11	12	14	13	7	5	7	10	12	10
江苏	17	18	18	18	18	19	13	14	16	16	16	15
浙江	17	17	17	15	17	17	17	16	15	14	16	15
安徽	18	18	17	17	16	17	19	20	19	18	19	19
福建	2	2	2	4	3	4	2	1	1	2	2	0
江西	12	10	9	9	6	6	12	12	11	9	12	11
山东	15	11	8	3	6	2	11	5	4	1	2	2
河南	5	2	1	1	3	1	1	1	1	1	1	1
湖北	18	14	10	13	12	7	18	15	16	16	16	14
湖南	14	11	11	9	9	9	14	13	13	11	10	14
广东	19	20	20	19	18	13	16	18	17	18	14	8
广西	1	1	1	2	2	3	3	4	3	3	2	4
海南	2	2	3	3	6	4	2	2	3	3	6	4
重庆	15	11	10	13	11	7	18	18	18	18	16	15
四川	7	3	5	6	6	5	17	16	17	16	14	13

续表

省（区、市）	高于全国平均水平						高于地区平均水平					
	2021年	2020年	2019年	2018年	2017年	2016年	2021年	2020年	2019年	2018年	2017年	2016年
贵州	2	4	2	1	1	5	10	13	14	4	6	6
云南	5	5	5	5	9	8	13	15	15	13	15	14
西藏	2	2	2	3	5	4	5	5	1	3	7	7
陕西	2	2	4	4	4	5	15	12	12	15	15	15
甘肃	2	2	2	2	3	2	7	5	3	2	7	5
青海	2	1	2	4	0	3	1	2	4	5	4	6
宁夏	8	6	5	2	8	7	14	14	16	13	14	13
新疆	2	1	0	2	1	2	2	1	0	3	1	2